刘静 著

中国粮食主产区
农业碳生产率研究

Agricultural Carbon Productivity of
Main Grain Areas in China

中国财经出版传媒集团
经济科学出版社
Economic Science Press

图书在版编目（CIP）数据

中国粮食主产区农业碳生产率研究/刘静著．－－北京：经济科学出版社，2022.3

ISBN 978－7－5218－3491－8

Ⅰ.①中… Ⅱ.①刘… Ⅲ.①粮食产区－低碳经济－研究－中国 Ⅳ.①F326.11

中国版本图书馆 CIP 数据核字（2022）第 045691 号

责任编辑：杨 洋 赵 岩
责任校对：刘 娅
责任印制：王世伟

中国粮食主产区农业碳生产率研究

刘 静 著

经济科学出版社出版、发行 新华书店经销
社址：北京市海淀区阜成路甲 28 号 邮编：100142
总编部电话：010－88191217 发行部电话：010－88191522
网址：www. esp. com. cn
电子邮箱：esp@ esp. com. cn
天猫网店：经济科学出版社旗舰店
网址：http://jjkxcbs. tmall. com
北京季蜂印刷有限公司印装
710×1000 16 开 14.25 印张 250000 字
2022 年 3 月第 1 版 2022 年 3 月第 1 次印刷
ISBN 978－7－5218－3491－8 定价：58.00 元
（图书出现印装问题，本社负责调换。电话：010－88191510）
（版权所有 侵权必究 打击盗版 举报热线：010－88191661
QQ：2242791300 营销中心电话：010－88191537
电子邮箱：dbts@ esp. com. cn）

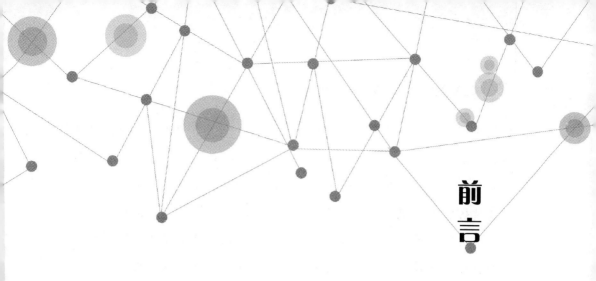

　　气候变化是当今国际社会普遍关注的全球性问题，也是人类面临的最为严峻的全球环境问题。大气中二氧化碳（CO_2）、氧化亚氮（N_2O）、甲烷（CH_4）等温室气体浓度的增加是引致全球气候变暖的根源之一。第二、第三产业是产生碳排放的主导部门，但快速发展的农业也是加速气候变暖的重要诱因。中国作为世界温室气体排放大国，其17%的碳排放源于农业生产活动（田云，2013）。这与中国过于注重农用物资投入、追求精耕细作的传统农业生产模式紧密相关；同时也受农地利用方式频繁转变、农地资源利用过度、农业废弃物处置不当等因素的影响。碳生产率指单位二氧化碳的GDP产出水平，又可称为"碳均GDP"，体现了单位二氧化碳排放所带来的经济效益。农业碳生产率兼具"保增长"与"促减排"双重属性，历次世界气候大会均将碳生产率指标作为政策制定的重要参考。粮食主产区在中国农业生产活动尤其是粮食生产中占据着绝对主导地位，因此研究粮食主产区的农业碳生产率无疑具有较强的理论与现实意义。

　　那么，中国粮食主产区农业碳生产率的现实水平如何？随着现代农业发展，中国粮食主产区农业碳生产率的历史轨迹与演变趋势如何？是否存在某种变化特征与规律？如果有，其变化规律又是如何？解答这些问题就成为提升中国粮食主产区农业碳生产率整体水平的基础。但中国地域辽阔，区域资源禀赋和社会经济发展程度各异，每个区域发展目标不同，所承担的功能也就有很大区别，加之各类地区农业发展基础本身就不同，农业碳生产率水平也就会存在差异。那么中国粮食主产区农业碳生产率的空间分布特征如何？区域差异是否存在？如果存在，差距是在扩大还是减小？农业碳生产率的时空差异显然与中国碳减排公平和稳定持续减排相悖，且不利于实现新的碳减排目标，可见找出中国碳生产率时空分异的机理至关重要。那么就不可避免地需要回答中国粮食主产区农业碳生产率时空差异的影响因素有哪些？本书基于对上述问题的思考而选题，以期深入探究气候变化背景下粮食主产区农业低碳转型与发展问题，试图通过以提高农业碳生产率为核心的途径，推动中国粮食主产区低碳农业转型。

有鉴于此，本书的主要思路如下：第一，对国内外研究文献进行全面梳理与评述，并对相关概念和重要的理论进行回顾与总结，构建本书的研究框架。第二，对中国粮食主产区农业碳排放进行全面核算，为粮食主产区农业碳生产率提供数据支撑，结合农业投入产出的相关数据，对中国粮食主产区农业碳生产率进行测度。第三，考察中国粮食主产区农业碳生产率的时序趋势和空间分布格局及差异，分析中国农业碳生产率的时空分异特征。第四，从空间地理视角对影响中国粮食主产区农业碳生产率增长的宏观因素进行分析，识别中国粮食主产区农业碳生产率时空分异的主要动因。第五，通过借鉴国外推广低碳农业的经验和本书研究结论，提出提高中国粮食主产区农业碳生产率的对策措施，以期为中国粮食主产区低碳农业发展和制定相关农业气候适应政策提供必要的参考依据。

目 录

第 1 章

绪　　论

■ 1.1　研究背景和意义

2015 年 12 月 12 日，《联合国气候变化框架公约》缔约方会议第 21 次会议在法国巴黎圆满落幕，会上 195 个缔约方国家一致通过了 2020 年后的全球气候变化新协定——《巴黎协定》，该协定确立了 2020 年之后全球应对气候变化威胁的总目标。而于 2016 年 11 月和 2017 年 11 月先后召开的马拉喀什气候会议、波恩气候会议则进一步就《巴黎协定》的程序性议题、实施模式等细节达成一致，并要求各缔约方国家做出最大政治承诺。作为负责任的大国，中国早在巴黎大会召开之前就向世界各国庄重承诺，将在 2030 年左右使二氧化碳（CO_2）排放达到峰值且使单位 GDP 碳排放量较 2005 年下降 60%～65%。因此，单位 GDP 减排力度相比 2009 年中国政府所提出的 2020 年减排目标（40%～45%）增加了 20%，这也成为了 2020～2030 年中国亟待完成的减排任务。[①] 为了尽早实现该目标，我国正紧跟全球步伐，积极响应马拉喀什和波恩气候会议精神，切实将温室气体减排的工作落到实处。

虽然第二、第三产业是碳排放产生的主要源头，但快速发展的农业也扮演了重要角色，每年所引发的碳排放量不容小觑。联合国政府间气候变化专门委员会（IPCC）指出，世界各国的农业活动为全球碳排放贡献了 13.5%（Norse D.，2012），发展农业生产造成的碳排放成为全球温室气体增加的重要来源（黄祖辉，2011；田云，2018）。然而，我国农业生产引致的碳排放量达到了全国碳排放总量的 17%（赵文晋等，2010），其中仅 2015 年我国粮食生产引致的碳排放量就超过 9671 万吨，比 1997 年上涨了 51%（陈炜等，2019）。这与中国过于注重农用物资投入、追求精耕细作的传统农业生产模式紧密相关；同时也受农地利用方式频繁转变、农地资源利用过度和农业废弃物处置不当等因素的影响。显然，这有悖于我国低碳农业的发展要求。

选择将粮食主产区作为研究对象，主要是考虑到它们在中国农业生产活动尤其是粮食生产中占据着绝对主导地位。统计数据表明，2016 年粮食主产区所生产的谷物占到了全国谷物总产量的 77.60%；畜牧业发展水平也不容小觑，其中牛、山羊的年末存栏量占到了全国的 56.59% 和 66.47%，生猪、家禽的年际出栏量占到了全国的 68.59% 和 70.36%。[②] 由此可见，粮食主产区的种植业和畜牧业在全国均占据着相对重要的地位，研究粮食主产区农业碳减排问题无疑具有较强的理论与现实意义。

由于能源需求仍会有所增长，因此就必须降低单位 GDP 的碳强度，

[①] 2015 年 6 月 30 日中国提交应对气候变化国家自主贡献文件《强化应对气候变化行动——中国国家自主贡献》。

[②] 依据 2017 年《中国农村统计年鉴》提供的数据整理得到。

努力用碳强度的降低来抵消能源消费增长带来的二氧化碳排放的增量，只有使单位 GDP 碳强度下降的速度高于 GDP 的年均增长速度，这样才能使得二氧化碳的排放不再增长，从而实现二氧化碳排放达峰。这意味着在农业生产中既要提高单位农资投入的产出效率，又要减少单位产值所需的碳源消耗。而农业碳生产率能够衡量单位碳源消耗所带来的农业产值，集中体现了单位二氧化碳排放所带来的经济效益，符合当前我国发展低碳农业的要义。农业碳生产率兼具"农业经济增长"与"农业碳减排"的双重目标，其凸显了新时期碳排放"相对减排"阶段，中国农业发展所面临的资源环境约束，试图通过提高生产要素投入效率的优化与质量的改善，以提升农业经济发展质量与效益。

那么，中国粮食主产区农业碳生产率的现实水平如何？随着现代农业发展，中国粮食主产区农业碳生产率的历史轨迹与演变趋势如何？是否存在某种变化特征与规律？如果有，其变化规律又是如何？解答这些问题就成为提升中国粮食主产区农业碳生产率整体水平的基础。但中国地域辽阔，资源禀赋和社会经济发展程度各异，每个区域发展目标不同，所承担的功能也就有很大区别，加之各类地区农业发展基础本身就不同，农业碳生产率水平也就会存在差异。那么中国粮食主产区碳生产率的空间分布特征如何？区域差异是否存在？如果存在，差距是在扩大还是减小？农业碳生产率的时空差异显然与中国碳减排公平和稳定持续减排相悖，且不利于实现新的碳减排目标，可见找出中国碳生产率时空差异的机理至关重要。那么就不可避免回答这些问题，中国农业碳生产率时空差异的内生因素和外生因素有哪些？影响程度多大？不同因素又是通过何种途径影响粮食主产区农业碳生产率？本书基于对上述问题的思考而选题，以期深入探究气候变化背景下粮食主产区农业低碳转型与发展问题，试图通过以提高农业碳生产率为核心的途径，推动中国粮食主产区低碳农业转型，从而为提出农业可持续发展的对策措施提供参考依据。

1.2　国内外研究综述

1.2.1　低碳农业研究

1.2.1.1　低碳农业的内涵研究

低碳农业，也可称为可持续农业、生态农业、循环农业，具有"低碳"的内涵，因此，我们不能简单地将低碳农业理解为一个新生事物。其研究可追溯到 20 世纪 70、80 年代可持续农业概念的提出。可持续农业思想最早源于西方一些学者提出的回归自然农业思想，具有代表性的有英国的真菌学家霍华德（Albert Howard）提出的"有机农业"，美国的土壤学家艾希瑞克（Rodale J. I.）提出的"生态农业"，日本的福冈正信（Mokiehi Okada）提倡的"自然农业"等（Quartz J.，1993）。这种思想强调运用传统农业技术，排斥化学用品，尽量减少人为影响，在生产中不强调生产效率。这种模式的缺点是无法解决人类生存发展对农产品的大量需求问题，因此，自 20 世纪 80 年代中期以后，可持续农业代替自然农业成为发达国家农业理论研究的热点。1981 年，美国农业科学家布朗（Lester R. Brown）首次系统地阐述了"持续发展社会"，并把"持续发展社会"理论延伸到持续农业发展理论（钱海滨等，2001）。1985 年美国加利福尼亚州议会通过的"持续农业研究教育法"首次提出"持续农业"。1986 年波林塞特（Pauline Dorset）将持续农业定义为"通过对可更新资源的利用达到农业的持续发展"（刘先曙，1991）。不过最初持续农业的含义主要局限于资源环境的持续性，实际上是自然农业含义的延伸。1987

年，美国学者布朗（Lester R. Brown）等再次提出持续农业的三重目标：生态持续性、社会持续性和经济持续性（曹斌等，2010）。持续农业的含义逐渐由窄变宽，在强调保护环境的同时注重农业的产出效益。1988年联合国粮农组织理事会将持续农业定义为"管理和保护自然资源基础，并调查技术和机构改革方向，以确保获得和持续满足当代和后代人的需要。这种持续发展能够保护土地、水资源和动植物资源，而且不会造成环境退化，同时要在技术上适宜，经济上可行，能够被社会接受"（马忠玉等，1997）。1989 年美国农学会、作物学会和土壤学会定义持续农业为"在一个长时期内有利于改善农业所依存的环境与资源，提供人类对食品的基本需要，经济可行并提高农民以及整个社会生活的一种做法"。美国加利福尼亚大学的阿尔提瑞（Altieri M.，1989）认为农业是地力的可恢复性，环境的健全性，经济上的合理性和社会的可接受性。美国学者道格拉斯（Douglass G.，1984）认为持续农业是环境重要性，食物充足性和社会公平性。1993 年在北京召开的国际持续性农业与农村发展研讨会将持续农业定义为，一种满足社会需要，不断发展而又不破坏环境的持续性农业。自 2003 年低碳经济概念在英国被首次提出并逐渐被世界各国广泛采用后，低碳农业的概念也开始进入人们的视野。2011 年 10 月，联合国官员奥利维埃·德舒特在一份公开文件中明确指出，优先考虑对矿物燃料依赖程度加深的各种种植方式，无异于农业的自杀，农业已经要为人为温室气体排放的 14% 负责，应在全球范围内推广"低碳农业"。

国内最早提出低碳农业概念的学者是王昀，他于 2008 年在《中国农业信息》上发表了《低碳农业经济略论》一文，对低碳农业这一概念做了初步探讨。随后，2009 年初中国科学院可持续发展战略研究组出版的《2009 中国可持续发展战略报告——探索中国特色的低碳道路》一书中提出，提高我国农业适应气候变化的能力，发展有机、生态、高效农业，实现农业可持续发展（中国科学院可持续发展战略研究组，2009）；中国农业大学程序教授在《中国生态农业学报》2009 年第 2 期发文指出，我国农业和农村在节能减排中应有所作为，农业是唯一生产生物质的产业，在我国的节能减排及向低碳经济战略转型中，生物质可发挥重大作用，也能成为生态农业的新内涵。同年季昆森（2009）发文指出其有别于生态农业的特征：低碳农业不仅要像生态农业那样提倡少用化肥农药、进行高效的农业生产，而且在农业能源消耗越来越多，种植、运输、加工等过程中电力、石油和煤气等能源的使用都在增加的情况下，还要更注重整体农业能耗和排放的降低。翁伯琦等（2010）则认为：低碳农业既是一个整体目标，也是一个复合的技术体系，其基础应该是现代生态农业和农业循环经济。四川社会科学院的李晓燕等（2010）在《低碳农业：应对气候变化下的农业发展之路》一文中进一步概括了它的定义：低碳农业是指为了维护全球生态安全、改善全球气候条件，在农业领域推广节能减排技术、固碳技术、开发生物质能源和可再生能源的农业。

1.2.1.2　低碳农业发展路径研究

许广月（2010）认为低碳农业在实践过程中应注重农民的主体作用，充分发挥政府的主导作用，不断完善技术支撑体系，同时还要加强国际合作与交流。马伦姣等（2011）从"三农"视角提出了推进低碳农业发展的对策，一是激励机制与约束机制有机结合，诱导低碳农业发展；二是加大对农村各项事务的投入，提高农民收入；三是优化农业生产经营模式，提升农民组织化程度；四是不断完善农业基础设施建设，为低碳农业技术采用创造条件；五是加强宣传与教育，强化低碳技术服务。郑恒（2011）则在借鉴国外先进经验的基础上，从国家政策、产业及技术层面较为系统地探究了低碳农业发展之路，具体策略包括强化宏观政策引导、积极转变农业发展方式、广泛采用节碳固碳技术、建立利益引导机制等。刘静暖等

（2012）基于我国当前国情，从产业角度提出了推进低碳农业发展的三大模式：一是产业链互动模式，要求农产品生产的各个环节均实现碳排放最小化；二是碳汇农业模式，通过植树造林、退耕还林还草、建设碳汇林、发展森林旅游等措施最大限度实现森林的碳汇效应、生态效益与经济效益；三是立体农业模式，以碳中和为指导思想，将传统种植业、养殖业、林业、渔业看作一个生态大系统，通过构建自然食物链实现生物间的相互制约与和谐共生。赵其国等（2009）从工程技术层面探讨了低碳农业发展的措施选择，包括垄作免耕技术、灌溉节水技术、施肥技术、病虫害防治技术、新型农作物育种技术、畜禽健康养殖技术、沼气工程节能减排技术、秸秆资源化利用技术等。

1.2.1.3 低碳农业面临的挑战

作为一类新兴事物，目前低碳农业在其发展过程中面临着诸多挑战。其中，马晓旭（2011）认为，当前我国低碳农业发展面临的困境主要源于四个方面：一是农业资源利用率偏低，主要体现在化肥、农业用水以及农药的使用上；二是农业污染日趋严重，以化肥、农药、农膜污染最为典型；三是农产品安全问题较为突出，食物中毒事件屡有发生，农药残留超标是主要诱因；四是相关制度不够健全，资源、环境产权制度缺乏，农村环境管理制度不够完善，碳交易制度极其缺乏。张莉侠等（2011）与马伦蛟（2011）则结合我国农户以及农业的自身特性分析了低碳农业所面临的挑战，包括农户文化素质偏低、农户技术水平较低、分散的农业生产体制、青壮年劳动力缺乏、粮食安全引发的农业生产压力等。杨培源（2012）将低碳农业发展面临的挑战归结成了三点，即化肥以及化石能源的过量使用、农业资源的低效率利用和相关制度的严重缺乏。

1.2.1.4　中国低碳农业相关政策措施

农田施肥、水稻种植、家畜肠道发酵和粪便管理是中国农业的主要排放源[1]。中国在 2015 年向联合国提交的国家自主贡献中承诺将推进农业低碳发展，到 2020 年努力实现化肥农药使用量零增长，控制农田甲烷（CH_4）和氧化亚氮（N_2O）排放，推动秸秆和畜禽粪便综合利用，提高农田土壤碳汇。近些年，我国出台了一系列农业政策措施（见表 1-1），主要围绕农业绿色发展、提质增效、耕地质量提升、面源污染防控等方向，协同实现农业减排固碳目标。

表 1-1　　　　中国农业减排固碳和减缓气候变化相关政策措施

发布时间	政策	总体目标
2007 年	中国应对气候变化国家方案	2010 年单位 GDP 能耗比 2005 年降低 20%
2011 年	"十二五"控制温室气体排放工作方案	2015 年单位 GDP 碳排放比 2010 年降低 17%
2013 年	推进渔业节能减排工作的指导意见	2015 年渔业单位产值能耗显著下降
2014 年	国家应对气候变化规划（2014-2020 年）	2020 年单位 GDP 碳排放比 2005 年下降 40%~45%
2015 年	强化应对气候变化行动——中国国家自主贡献	2030 年碳达峰，单位 GDP 碳排放比 2005 年下降 60%~65%
2015 年	全国农业可持续发展规划（2015-2030 年）	2020 年农业可持续发展取得初步成效；2030 年确立农业可持续发展新格局
2015 年	耕地质量保护与提升行动	2020 年全国耕地有机质提高 0.2 个百分点；2030 年全国耕地质量提升 1 个等级以上
2015 年	打好农业面源污染防治攻坚战的实施意见	2020 年农业面源污染得到遏制，实现"一控两减三基本"
2016 年	2020 年化肥农药使用量零增长行动	2020 年全国化肥农药使用量零增长，肥料利用率 40% 以上

---

[1]　生态环境部. 中华人民共和国气候变化第三次国家信息通报 [R/OL]. 生态环境部网站，2018-3-1.

发布时间	政策	总体目标
2016 年	"十三五"秸秆综合利用实施方案的指导意见	2020 年实现秸秆综合利用率 85% 以上
2016 年	"十三五"控制温室气体排放工作方案	2020 年单位 GDP 碳排放比 2015 年下降 18%，加大非二氧化碳气体减排
2017 年	推进畜禽养殖废弃物资源化利用的意见	2020 年全国畜禽粪污综合利用率达到 75% 以上
2017 年	畜禽粪污资源化利用行动（2017 – 2020 年）	2020 年规范畜禽废弃物综合利用，构建种养结合模式，提高沼气和生物天然气利用
2017 年	创新体制机制推进农业绿色发展的意见	2020 年农田灌溉水利系数提高到 0.55 以上，农田林网控制率达到 95%；2030 年耕地质量和农业用水效率进一步提高，农业废弃物全面实现资源化利用
2018 年	农业绿色发展技术导则（2018 – 2030 年）	2030 年农业绿色发展制度与低碳模式基本建立
2020 年	促进畜牧业高质量发展的意见	2025 年养殖规模化率和粪污综合利用率达到 70% 和 80%；2030 年达到 75% 和 85%
2021 年	统筹和加强应对气候变化与生态环境保护相关工作的指导意见	2030 年应对气候变化和生态环境治理体系和能力稳步提升，为实现碳中和愿景提供支撑

资料来源：相关政策来源于中华人民共和国国务院、农业农村部、生态环境部官方网站。

2015 年颁布的《全国农业可持续发展规划（2015 – 2030）》和《耕地质量保护与提升行动方案》中，提出建设高标准农田，提升耕地质量，明确了保护耕地资源和提高土壤固碳能力的要求。同年颁布的"一控两减三基本"政策，从农业节水、化肥农药零增长、农业废弃物（畜禽粪污、秸秆和农膜）综合利用等方面，进一步提出了循环高效、绿色低碳、环境友好的发展目标和相关技术，可显著降低稻田 CH_4 排放、农田土壤 N_2O 排放、粪便管理 CH_4 和 N_2O 排放，促进粪污秸秆资源化、能源化利用，替代部分化肥和化石燃料。2018 年颁布的《农业绿色发展技术导则 (2018 - 2030)》，明确提出建立农业绿色发展制度与低碳模式的目标，形成丰产增效、种养结合、区域低碳循环、田园综合体等技术模式，并要求技术模式的单位农业增加值碳排放强度和能耗相比常规模式降低 30%。2021 年颁布的《关于统筹和加强应对气候变化与生态环境保护相关工作的指导意见》明确提出运用基于自然的解决方案减缓和适应气候变化，协同推进山水林田湖草系统治理工作。这些行动显示，中国已积极发展和探索适合国情的低碳农业和绿色转型做法。对比国际，我国已出台的绿色农业发展、改善农田管理、优化家畜饲养和放牧、果菜茶减肥减药、秸秆和粪便综合利用、农业节能降耗、农业资源和环境保护等政策措施，与发达国家做法一致，同时根据中国传统农业和小农户的特点，发展了种养加一体化、农渔牧结合、粮经饲多元种植等具有中国特色的模式。

1.2.2 农业碳排放研究

1.2.2.1 农业碳排放测算研究

（1）农业碳排放的来源。农业碳排放并不等同于二氧化碳（CO_2）的排放。根据 IPCC 对温室气体的界定可知，温室气体不仅包括二氧化碳，还包括甲烷（CH_4）、氧化亚氮（N_2O）、氢氟碳化物（HFCS）、全氟碳化物（PFCS）和六氟化硫（SF_6）等气体，即主要由上述 6 种气体构成。由于 CO_2 是造成全球变暖的最主要气体，因此，用"碳"（Carbon）一词简称"温室气体"，以便让普通大众能够直接了解和认识碳排放。本研究也采用这一得到社会专业性与学术界广泛认同的"术语"。无论是根据联合国政府间气候变化专门委员会（IPCC）相关统计数据，还是根据中国《中华人民共和国气候变化第二次国家信息通报》以及《中华人民共和国气候变化第一次两年更新报告》数据显示，农业是温室气体的重要来源。对于农业碳排放概念的界定，学术界均从碳源出发，即由人类农业生产活动所引致的温室气体。

农业碳排放是指在农业生产中所产生化学肥料、化石燃料的损耗、废弃物质处理等形成的温室气体排放（田云等，2020；张志高等，2017）。现代农业生产是温室气体的主要来源已然是一个事实。农业生产的多样性和复杂性导致了农业碳排放源因子的多样性（高鸣，2014；王劼和朱朝枝，2018）。化肥和农业机械的使用，导致了农业碳排放的增加（张广胜和王珊珊，2014）。目前，农业碳排放基本包括三种来源：一是农业、化肥与资源消耗以及废弃物等带来的温室气体；二是农产品在生产过程中产生的甲烷等排放；三是动物饲养过程中肠道发酵以及粪便处理所产生的碳排放（田云，2021；何艳秋和戴小文，2016）。农业排放大量的 CH_4、N_2O 和 CO_2，全球排放 60% ~80% 的 N_2O 大多来源于田间的直接与间接排放（后者是化肥制造与运输）、土地焚烧、畜牧、动物排泄物（Farajian et al.，2018；Gamier et al.，2019）。全球 50% ~70% 的 CH_4 来自反刍牲畜肠道发酵、水稻种植、动物排泄物；全球 1% 的 CO_2 来源于农业设备、化学肥料的生产与利用（Moghaddasi and Pour，2016）。从其内部结构来看，联合国粮食及农业组织（FAO）明确了五种碳排放源包括：土壤（38%，$CH_4 + N_2O$）、反刍牲畜肠道发酵（32%，CH_4）、生物质燃烧（12%，$CH_4 + N_2O$）、水稻种植（11%，$CH_4 + N_2O$）和畜禽粪便（7%，$CH_4 + N_2O$）（阁继胜和胡浩，2012）。国外学者通过度量美国农业碳排放源头，发现农业温室气体排放的占比中近1/2来自土地使用，将近1/3来源于动物饲养阶段中的肠道发酵（Cole et al.，1993）。各国农业生产方式的差异与其农业碳排放在国家总的碳排放占比有着较大的关系（戴小文等，2015）。

中国学者对农业碳排放的不同来源（化学肥料、农机使用以及土地耕地面积）所形成的碳排放加以计算，发现化肥在三种碳源中所占比重最大（庞丽，2014）。中国的农业碳排放从 1995 年开始，呈现逐年增长的态势，但是近年来其增长率有所下降（田云等，2015；王惠和卞艺杰，2015）。不同学者也致力于农田生态系统碳排放的讨论，指出耕种土地的结构及其计算方法与碳排放的关系。从中国 31 个省份农田碳排放量、碳吸收量与碳足迹研究看出，三者都有着增长态势，而以典型省份（黑龙江）为研究区域，农田生态系统是主要因素，农业生产碳排放与农用化学用品投入、能源消耗以及耕作方式呈显著正相关（戴小文等，2015）。中国以往的农业耕种模式会形成大量温室气体。不同土地利用方式会产生差异化的农业碳排放，植树造林、退耕还林工程等大面积覆盖会显著减少碳排放（田云等，2015）。城镇用地、农村建设用地、交通用地、农业用地和建设用地产生碳排放较多，建设用地产生的温室气体最为显著，而且土地使用方式和排放量存在密切联系（周迪等，2019）。农地利用的减排空间很大（Mayer，2018）。

（2）农业碳排放核算的方法。根据二氧化碳的核算途径，碳核算的方式可分为自上而下和自下而上两类。其中前者主要指以国家与区域尺度作为基础的计算（彭水军等，2015），后者主要指在公司、农产品与项目中的计算（Appiah et al.，2018）。自上而下的核算主要指国家或政府层面的宏观测量，也被称为 IPCC 清单法，在 1994 年 IPCC 发布了《国家温室气体清单指南》（以下简称《指南》），1996 年做出了完善，修订后的指南从能源行为、工业制造行为、农业、畜牧业与其他土地利用等角度，对温室气体排放与清单加以计算（刘华军等，2013；Popescu et al.，2016；赵先超等，2018）。《指南》中提供的核算方式包括活动数据和排放数据，以活动数据乘以排放系数即可以计算各种不同活动产生的碳排放（赵宇，2018；Maji and Sulaiman，2019），这种计算方式也是目前公认的最权威的计算方式（韩骥等，2016）。自下而上的计算也被称为碳足迹方式，是下级单位的自行测算后向上级单位披露与汇总统计，包括企业的自测与披露、地方对中央的汇报汇总，以及各国对国际社会提交反馈，企业更多会采取实测法来对碳排放做出核算。自下而上的计算主要指以全生命周期为基础的计算（张云和唐海燕，2015；Benbi，2018）。目前比较权威公用的标准是 PAS2050，中文全称《PAS 2050：2008 商品和服务在生命周期内的温室气体排放评价规范》，为全球首个产品碳足迹方法标准。该标准是由英国的碳誉信托有限公司、BISY 与英国环境、食品与农村事业部共同定制的，于 2008 年 10 月由英国标准协会发布（杨翱等，2014）。PAS2050 通过对商品生命周期的不同环节加以计算（董锋等，2015）。公司层面的计算，目前公认的计算方式为《温室气体协议：企业核算和报告准则》，简称"企业核算 GHG 协议"，不同国家基于该核算，建立了清洁发展机制（CDM）（张腾飞等，2016），也是发达国家通过 CDM 从其他国家开展的减排或碳吸收项目中取得过验证的凭据。从国际层面而言，国际组织或国际协定主要依靠于各国政府和企业自主进行核算及汇报来计算碳核算结果。自上而下的测算以《IPCC 国家温室气体清单指南》为主流国际标准，自下而上的测算则是温室气体议定书（GHG Protocol）系列标准最为广泛使用。这些由非政府组织构建的标准及指引，均鼓励国家、城市、社区及企业等主体对于核算结果进行汇报和沟通，以此确保公开报告的一致性。以国际能源署（International Energy Agency，IEA）发布的碳核算报告为例，其数据来源主要为国家向 IEA 能源数据中心提交的月度数据、来自世界各地电力系统运营商的实时数据、国家管理部门发布的统计数据等。

在对世界农业源温室气体排放量进行计算时，大多是依据《2006 年 IPCC 国家温室气体清单指南》第四卷。由于农业地区差异对温室气体排放产生的影响有差异，部分学者借助长时间的农业实验与实时监测对 IPCC 有关数据、公式、影响要素做出了优化，国外知名学者戴维·皮门塔尔（David Pimental）所在的研究所借助农田系统测试（farming system trial，FST）将实验分为传统集约农业（化肥）、种养结合有机农业（粪肥）和豆科轮作有机农业（植物固氮），以 1981~2002 年这一期间为例，讨论上述模式在资源投入、水质条件、土壤有机质、生物资源、产出情况、人力投入等层面的不同，得到的数据已经变成预估农业生物减排发展空间与从经济学角度分析减排费用的主要依据（Balmford et al.，2018）。

国内学者借助部门联系平衡表提供的行业间的联系，使得农业源温室气体估算延伸至农业投入品各大上游制造，可以获得直接和间接能源需要，进而出现了 EIO 和 LCA 相结合的计算方式（张广胜和王珊珊，2014）；与此同时，世界资源研究所（WRI）与企业可持续发展理事会（WBCSD），马修斯（Matthews）等机构和学者提出了分层投入产出——生命周期评价方法。黄等（Huang et al.，2015）对农业系统碳排放实施分层计算方式，这是为了更好地分清采取减排行动的具体顺序，在针对农业源温室气体的排放量与结构特点进行计算的过程中，大部分学者使用农业集约化与有机农业模式进行对比的分析方式。西方专家在分析农业集约化和有机农业对环境产生影响的过程中，使用了投入产出生命周期法，并且展开了对比讨论（Moghaddasi & Pour，2016；Farajian & Hosseini，2018）。有机农业能源损耗是农业集约化的 1/2，基本来源于能源损耗和农机，在实施农业集约化过程中来源于化肥、饲料和燃料（Fleming et al.，2019）。部分研究在认可了有机农业具备减排与适应双重作用的情况下，对其减排理论做出了详细分析，有机农业利用本身营养循环、严禁化学肥料与杀虫剂、减少能源密集饲料使用，进而减少二氧化碳的排放量；利用禁止使用与永久植被覆盖率，以减少二氧化碳的排放量，不过因为有机农业的牲畜饲养比重高但效益少，极易造成产出水平低，可能导致甲烷排放量增长。有机生产与非有机生产全球产品供应量及豆科当作氮素来源的供氮潜力，在有机农业在土地资源和劳动力投入不发生变化的状况下，能够确保充足的食物供应不受影响；豆科和覆盖作物当作氮素来源能够取代当前化学肥料用量（Maji & Sulaiman，2019）。有机农业能够实现世界范围内的食物供应，并且能够减少农业集约化对环境产生的污染。美国学者约翰逊等（Johnson et al.，2007）认为，农业碳排放主要源于农业废弃物的随意处置、畜禽肠道发酵与粪便管理、农业能源利用、水稻生长以及生物燃烧。

美国环保局（Environmental Protection Agency，EPA）利用层次分析法，测算了2008年美国由于农业生产活动所引发的碳排放，结果表明，其排放量折合成标准二氧化碳约为4.275亿吨，其中大约半数与农地利用活动有关，近1/3出自肠道发酵。弗莱斯豪韦尔等（Vleeshouwers et al.，2002）则在充分考虑作物、气候与土壤等因素的前提下，构建了用于分析与评估农地土壤碳转移量的计量模型，并广泛应用于实践中。此外，土地利用方式的转变也是产生农业碳排放的重要因素（bloomer et al.，2004）。鲁本等（Ruben et al.，2006）基于大量试验评估发现，不同利用方式下土壤的碳排放水平或固碳能力存在较大差别。阿西尔塔斯曼私人股份有限公司（ACIL Tasman Pty Ltd，2009）测算了美国、欧盟、加拿大、新西兰等国的农业碳排放量，发现各自占其全国碳排放总量的比重差异较大，究其原因，可能在于农业生产方式的不同。部分学者从产品供应链方面作为切入点，探索农业生产、加工、仓储、物流、烹调等环节产生的直接能源需求与温室气体排放，农业生产能源消费占比达到20%~50%（Fei & Lin，2017）。

1.2.2.2 农业碳排放时空特征及其结构分析

从时空变换视角来看，由于农业经济增长与农业碳排放量之间存在着长期协整关系，中国农业碳排放总量仍在不断增加，且以化肥等化学制品所引致的碳排放量比例最大（王宝义，2016）。只不过其增长速率却在不断下降，即总量不断增长但增速放缓，且东中西内部省份间碳排放量差距均呈下降趋势（李波，2012）。田云等（2014）从农用物资、畜禽养殖和稻田三方面核算农业碳排放量，并对省域、东中西地区农业碳排放的分布动态与演进趋势进行分析，发现省域农业碳排放在空间分布上具有较强的非均衡性，农业碳排放高值区主要分布在河南、四川、山东等农业大省，低值区主要分布在以北京、宁夏和海南为代表的大都市和西部欠发达省区。刘华军等（2013）研究也得出了类似的结论，即中国农业碳排放总量上升，但差距不断缩小，且差距主要由区域间的分化造成。具体到特定视角或特定区域，刘治国等（2017）以宏观结合微观的方式对山西省农业碳排放总量、演变特征及其结构进行了研究，发现 2005～2010 年山西省农业碳排放总量增长明显，年均增长率保持在 5% 以上。特别需要提及的是，与大多数研究有所不同，该研究还发现由农田秸秆露天焚烧等所引致的碳排放量竟超过农业碳排放总量的 50%，远高于化肥能源等农用物资所引发的碳排放量。此外，中国农业碳排放存在较为明显的空间效应，这不仅仅表现在省域间农业碳排放所具有的空间依赖性，还反映在省域间农业碳排放较为明显的空间异质性方面（李秋萍等，2015）。

1.2.2.3　农业碳排放影响因素研究

关于研究方法方面，因素分解法常被用来探究碳排放的驱动因素。农业经济增长是推动农业碳排放量激增的最主要因素，而农业结构因素、生产效率因素、劳动力因素具有抑制农业碳排放增长的积极作用（李波等，2011）。在中国，不同因素对农业碳排放的影响呈现地区差异，如农业经济发展水平对农业碳排放的主导作用自西向东逐渐减弱，农业经济结构对东部农业碳排放的影响最大，农业经济规模对西部农业碳排放的影响最强（何艳秋和戴小文，2016）。戴小文等（2015）以 Kaya 恒等式剖释农业碳排放驱动因素，发现经济规模扩张是造成农业隐含碳排放量不断增加的主要原因，而经济结构和低碳农业技术进步则会抑制农业隐含碳的增长。张小平和王龙飞（2014）通过 Kaya 模型分析法研究了农业碳排放中不同因素的影响程度，发现农业能源结构对碳排放的影响没有那么显著，而经济的迅速发展使得碳排放量增多，技术的发展减少了碳排放量。韦沁等（2018）通过改进的 Kaya 恒等式对碳排放的影响原因加以划分，得到的结论是对农业碳排放产生影响的原因包括经济发展、生产效益与人力投入和产业结构，其中经济发展是其中最为关键的原因。吴贤荣和张俊飚（2017）利用改进的狄维西亚（Divisia）指数分解方法探讨了农业碳排放增长驱动特征，发现碳排放增长的动因在于农业经济增长，同时农村生活水平与人口规模也会正向驱动农业碳排放增长，而农业技术进步、城镇化和农业碳排放强度则负向影响农业碳排放。同时，陈银娥和陈薇（2018）的研究发现农业机械化和产业升级亦会影响农业碳排放，其具体表现在：农业机械化与农业碳排放之间存在负相关关系，而产业升级则与农业碳排放具有正相关关系。尧波等（2014）在对低碳农业的影响因素进行讨论过程中使用了回归分析方法，并将农业总产值当作被解释变量，将化肥使用量、农用设备总动力和农作物总耕种面积当作解释变量进行回归分析，结论说明化肥使用量对农业总产值产生的影响较大，这是不利于国内低碳农业发展的一个主要原因。庞丽（2014）使用灰色关联度分析法将农业总产值当作初始序列，化肥使用量、农用设备总动力、农用柴油使用量、有效灌溉面积和农村用电量当作比较序列，对于农业总产值和 5 个比较序列之间的关联度进行了分析。分析结论说明，乡村用电量对农业总产值产生的影响最为明显，这是经济正常运转的基础，而农机总动力、农用柴油量、化肥使用量和有效灌溉面积的影响程度将逐步减少。何艳秋等（2018）从农业生态系统的角度出发，对碳排放产生影响的原因进行了讨论，包括经济发展、能源消费结构、城镇化、工业化发展、消费方式的转变、技术发展和生态保护等。杨钧（2013）使用 GMM（广义矩估计）与动态面板数据模型，研究了技术发展对碳排放量与碳强度产生的影响，最后发现技术发展对碳排放量产生了不利作用，但是在一定程度上影响了其强度，而劳动力成本的增长能够减少碳排放。

关于不同地区的碳排放影响因素研究。尧波等（2014）对江西省农业碳排放及其驱动因素进行研究后，发现该省农业碳排放主要来自农业机械的使用与化肥的施用，不同县域之间的碳排放差距在逐步拉大，究其原因主要在于各县域生产效率、农业结构、劳动力状况以及农业经济发展水平的差异。高标等（2013）对吉林省的研究发现，在农业碳排放总量与强度均不断提高的态势下，人口规模的扩大是导致农业碳排放增长的最主要原因，而经济因素（如地区GDP增长和农业经济增长）则是次要因素。

关于不同行业的碳排放影响因素研究。畜牧业领域的碳排放是研究者关注的重点，大部分研究认为生产效率是抑制畜牧业碳排放增长的决定性因素，而单位农业生产效益是推动畜牧业碳排放增长的决定性因素，劳动力在长期对畜牧业碳减排的作用较大（姚成胜等，2017），经济增长和经济结构则是促使畜牧业碳排放增长的最主要因素（陈瑶，2016）。

关于农业经济增长对农业碳排放量的影响。庞丽（2014）以LMDI指数法对农业碳排放因素进行分解，发现农业经济增长是推动碳排放不断攀升的动力来源，而通过提高能源利用效率、优化农业结构、加快劳动力转移是抑制碳排放增长有效途径。部分学者对中国、西南地区、湖北省以及能源消耗农业碳排放的研究亦得到类似的发现（文清等，2015；王兴等，2017；贺亚亚等，2013；李国志，2014）。云南省农业生产效率与农业经济发展水平是驱动农业碳排放增长的主要因素，农业劳动力规模和农业结构则起到抑制作用（杨红娟等，2015）。而在东北三省，农业收入提高是农业碳排放不断增加的主要因素，而就业结构和人口因素则仅对辽宁省的影响较大（李政通等，2017）。

关于农业技术进步对农业碳排放的影响。从农业技术进步来看，比较优势形成了专业化的分工形式，打下了规模经济发展的基础。规模经济能够提升污染密集型行业的能源要素利用率，能够达到减排目的。专业化分工不断加快，产品流通更加迅速，通过借鉴与使用他国的前沿"清洁"技术，能够实现吸纳创新，使用减排计划减少污染程度，提高农业碳排放绩效（Tiba & Frikha，2018）。鲁钊阳（2013）以 2000 ~ 2010 年中国大陆地区 30 个省（市、区）为对象，实证检验了农业科技进步对农业碳排放的影响。结果发现，农业科技水平与碳排放之间存在着明显的负相关关系，即农业科技水平较高的省区，其农业碳排放量较少；而科技存量较低的省区，其农业碳排放量较高。杨钧（2013）的研究却发现农业技术进步整体上会催生更多的农业碳排放，但有利于降低碳排放强度，特别是随着地区人力资本的积累，农业技术进步的碳减排效应会逐步增强。

此外，农民人均纯收入、城镇化、农业投资、人口规模等亦是影响农业碳排放的主要因素（高标等，2016）。造成农业碳排放增加的原因主要包括人口压力、饮食结构变化（畜产品消费增加）（Dumont，2019）、技术变革（化肥使用激增、灌溉用水增加、集约化养殖）；导致农业温室气体排放量下降的因素在于土地生产效率的提升、使用保护性耕作方式、环境保护措施的实施。中外专家开展了大量以国家与区域为基础的农业碳排放影响原因测度工作，主要包括生产效率、产业结构、经济增长与人力规模等（Lin et al.，1997；Sarkodie et al.，2019）。实证证明，高效的农业碳减排政策离不开农业生产率的提高，而城镇化也是影响碳排放的一个重要原因（吴义根，2019）。城镇化对东中西三大地区农业碳排放的影响存在着一定的差异性，但整体上城镇化是抑制农业碳排放的增长的重要力量，且尤以就业城镇化对抑制碳排放的积极作用最为明显（武春桃，2015）。值得强调的是，在相邻地区农业碳排放存在着较为明显的空间溢出效应的情况下，一地区农业碳排放不仅受到自身经济发展水平、城镇化、农业自然灾害、劳动力受教育程度以及农业生态治理状况的影响，还会受到邻域经济发展水平、城镇化、农业自然灾害等影响（王妍，2017）。

1.2.3　农业生产率研究

1.2.3.1　关于生产率的概念及历史演进

生产率是指人力、物力、财力等各种资源的利用效率，反映了资源配置、技术水平以及劳动力对生产活动的影响。从宏观层面来看，应该是一个国家的总产出与取得该产出的各种资源要素总投入之比。目前学界所提到的生产率一般是指全要素生产率（TFP），其以生产理论为基础，计算依赖于生产函数，而生产函数是在维持生产技术不变的情况下，探讨生产中各种生产要素的投入数量与其最大产出量之间的关系。

早在古希腊时代，柏拉图的劳动分工理论中就涉及了生产率研究，欧洲文艺复兴时期的蒙克来田、配第和布阿吉尔贝尔也讨论过生产率的问题。魁奈（1766）提出了生产率这一概念，讨论了生产率对国家经济发展的作用，他提出的劳动生产率仅用于农业生产领域，是一种狭隘的生产率概念。斯密（1776）摒弃了魁奈的生产观，将"生产率"的概念扩展至整个生产领域。萨伊（1880）则认为资本、劳动和土地是生产的三要素，产出与劳动投入之比是劳动生产率、产出相对于资本的大小是资本生产率。庞巴维克（1884）提出"迂回生产"的概念以及资本的物质生产率，但没有给出度量方式。

"二战"前衡量的生产率是一种单要素生产率，主要集中于劳动生产率方面，随着 C−D 生产理论的提出，学术界对生产率的研究也有了重大突破。由于劳动生产率是一种单要素生产率，不能较好地反映生产率变化，在这种情况下，廷伯根（Tinbergen，1942）将时间要素纳入生产框架，将产出看作是资本、劳动和时间的函数，提出了全要素生产率来反映生产活动中生产率的变化，斯蒂格勒（Stigler，1947）以制造业为例，测算了全要素生产率。戴维斯（Davis，1954）被誉为全要素生产率的"鼻祖"，进一步明确了全要素生产率的内涵，投入要素不仅有资本、劳动和时间，还应该包括用于生产活动的所有材料，但未考虑教育、研发等因素。索洛（Solow，1957）基于道格拉斯（Douglas）、廷伯根（Tinbergen）等的研究，将技术进步纳入生产框架，提出了总量生产函数和增长方程的规模不变特性，定量衡量了产出增长率、投入增长率和技术进步率三者之间关系。法雷尔（Farrell，1957）采用不同的索洛余值法分析了农业生产效率，提出了被誉为 DEA 原型的生产效率测算方法，将"非预设函数"替代"预设生产函数"估计生产效率，利用数学规划的方法求出效率值。肯德里克（Kendrick，1961）指出生产率是产出和投入之比，生产率的高低反映了人们脱贫能力的大小。产出与单一投入要素之比是部分生产率，如劳动生产率，不能全面衡量生产率变化。全要素生产率真正的计算方法是将产出总量与参与生产活动的所有要素投入相比，这样才能全面衡量生产率的变化。贝尼森（benison，1962）基于肯德里克的全要素生产率概念，进一步发展了"索洛余值"的测算方法，详细划分了生产投入要素，并将全要素生产率进行了分解，资源配置效率和规模效率体现在要素投入当中，技术进步用余值表示，成为一种核算生产率增长的全新方法。

部分学者把索洛余值测算的残差作为全要素生产率，这引起了争论，约根森（Jorgenson，1967）在索洛余值法的基础上创建了扩张的索罗模型，把全要素生产率当作一种计算误差。扩展的索罗模型考虑了其他要素在生产率中的贡献，与现实较为吻合，具有非常重要的意义。约根森（1988）采用更为灵活的超越对数函数，扩充了非角度、具有相加结构的方向性距离函数，在 TFP 的基础理论和测算方法上做出了重大贡献。扩充了非角度、具有相加结构的方向性距离函数, 查伯斯 (Chambers et al., 1996) 提出了具有相加结构的生产率测度方法——卢恩伯格生产率指标 (Luenberger productivity indicator), 并且在 1998 年定义了从 t 期到 t + 1 期的卢恩伯格生产率指数。还有一些较有影响力, 例如, 对于农业全要素生产率的提高在美国农业产出增长中重要性的论证 (Grilliches, 1957); 运用全要素生产率框架揭示跨期差异的研究 (Prescott, 1998)。此外, 一些学者也从理论和实证的角度论证了农业生产率的增长问题, 明确了全要素生产率的作用, 并为发达国家以及发展中国家提升农业生产率提供了路径选择 (Kogel, 2005; Helpman, 2007)。"东亚奇迹"问题被提出来以后 (Krugman, 1999), TFP 受到国内学者的热捧。很多学者为了中国经济增长的可持续辩护, 提出了核算框架的缺陷 (郑海涛, 2010)。在此基础上, 国内研究涵盖了工业、服务业等, 且研究方法 (增长核算、指数法、前沿法等) 也较为完善, 充分体现了 TFP 增长的重要性 (郭庆旺等, 2005; 郑京海和胡鞍钢等, 2015)。

1.2.3.2　传统农业生产率研究

(1) 关于农业生产率测算的指标以及数据采集。第一, 对于投入和产出指标的计量采用两种方法, 一种是现价计算农业生产率的投入和产出指标, 另一种是不变价格计量农业生产率的投入和产出指标。少量文献采用当期价格来计量投入和产出指标值 (倪冰莉等, 2010), 大多数文献采用不变价计算投入和产出指标。另外, 对于基期的选择也有差异, 早期的文献一般选择 1952 年的不变价格来核算投入和产出 (Tang, 1980; 冯海发, 1993)。后续文献常用的基期有 1978 年 (李谷成, 2009)、1980 年 (Lambent, 1998; 刁怀宏等, 2003)、1990 年和 2000 年 (Tong et al., 2009; 郑循刚等, 2010)。选择基期价格作为计量标准, 有利于消除价格因素带来的消极影响。第二, 关于农业生产率测算数据的采集。从数据类型来看，目前测算农业生产率的数据主要有时间序列数据、截面数据和面板数据。从投入要素数据来看，不同学者对投入要素的理解存在差别。有些学者认为投入要素为土地、中间要素和劳动力（Xin，2011），也有些学者认为投入要素为劳动、土地、化肥、机械、有机肥（匡远凤，2012），还有一些对于投入要素更为宽泛的理解（郭萍等，2013），汪言在等（2017）还将年均气温和降水量作为投入变量纳入农业生产率的测算中。从产出要素的数据来看，合意产出的指标一般选择农业 GDP，也有学者使用单位耕地的农业总产值（石慧等，2008；史常亮等，2016）或农业增加值（周瑞明，2009；付明辉等，2016）。

（2）关于农业生产率的测算方法。农业生产率的测算方法发展迅速，早期学者运用代数指数法对中国农业生产率进行了分析（Wu，1995），也有学者使用索洛余值法计算了中国农业生产率（Lambert & parker，1998；赵芝俊等，2006），这两种方法可以归为增长会计法，此为第一类。第二类运用 DEA－Malmquist 指数分析了中国农业生产率变化，这种方法的优势是处理多投入、多产出变量，并且方便对农业生产率进行分解，便于了解农业生产率内部增长动力。DEA 是利用原始数据构造前沿面，由数据直接驱动而不需要预设函数形式，且 DEA 是一种数学线性规划的方法，不具备统计学特征。目前研究通过 Bootstrap 纠偏技术提高了 DEA 的准确性，但应用尚不广泛（Simar et al.，2000）。DEA－Malmquist 在实证的分析中得到了广泛的应用，也得出了极为相似的结论（Hou et al.，2012）。第三类运用随机前沿分析法（SFA）。根据是否需要预先设定生产函数的具体形式分为参数法、非参数法。根据生产前沿面是否受随机因素的影响，分为随机性前沿面方法和确定性前沿面方法。运用生产前沿法是研究中国农业生产率变化的一种重要方法（Tong et al.，2009；余康，2011）。在农业领域里，SFA 的应用前景比 DEA 更广阔，因为 SFA 与农业生产的本质特征更加吻合（范丽霞等，2012），如自然风险等，但应用却相对有限。综上，在 TFP 测度方法中，不存在"完美无缺"或"绝对最佳"的工具。

（3）关于农业生产率的测算结果。以中国 1981～1995 年农业 TFP 的估计结果为例，其年均增长率存在较大的差异（潘丹等，2012）；徐（Xu，1999）测算的结果为 – 1.48%；顾海等（2002）为 2.97%；吴等（Wu et al.，2001）为 2.41%；范等（Fan et al.，2002）为 6.11%；曾先峰等（2008）为 2.33%；李谷成（2009）为 2.8%。文献结果存在差异的原因来自三方面：一是不同的估计方法（参数方法或是非参数方法）；二是投入产出的数据选择（官方发布中国或地区的统计数据、调研数据）等；三是生产函数设定的差异（李静等，2006；全炯振，2009）。潘丹（2012）发现 DEA 测算的结果和代数指数法无显著差异，索洛余值法的结果偏高一点，而 SFA 测算结果更高一点；时间序列数据测算的农业 TFP 会低于面板数据；原始投入数据越多，农业生产率就越低。

1.2.3.3 关于环境约束下的农业生产率研究

随着农业资源环境问题日益严重，诸多学者试图探讨环境因素约束下的农业 TFP 问题。按照考虑的环境因素不同，可以分为农业面源污染约束下的生产率研究和农业碳排放约束下的生产率研究。

（1）农业面源污染约束下的农业生产率研究。李谷成等（2011）、薛建良和李秉龙（2011）等运用基于方向性距离函数的 Malinquist – Luenberger 生产率指数方法，发现农业面源污染约束下中国 TFP 增长较快，但区际差异明显。因指标选择不同，即使相同地区测算结果也有所差异，但也存在一个共识，即不考虑环境因素会高估农业 TFP，甚至被高估 1 倍（叶初升和惠利，2016）。

现阶段，中国农业环境 TFP 整体相对偏低，尽管其有上升趋势，但其增速较传统 TFP 慢，且经济发达地区增速明显快于欠发达地区，这主要表现在东部与中西部间、粮食主产区与主销区间农业环境 TFP 的差异上（潘丹和应瑞瑶，2013；崔晓和张屹山，2014；张可和丰景春，2016）。甚至可以说，除了北京、重庆、上海与海南三市一省外，其他省区农业投入产出状况均需要优化（潘丹和应瑞瑶，2013）。而在苹果等粗放型产业，这种情况亦不乐观（冯晓龙和霍学喜，2015）。与此同时，中国环境 TFP 存在收敛迹象，但波动也较为明显（韩海彬和赵丽芬，2013）。实际上，就中国农业环境 TFP 增长轨迹来看，其具有高速增长（1978~1984 年），停滞（1985~1991 年）、恢复性增长（1992~1996 年）、缓慢增长（1997~2001 年）和快速增长（2002~2008 年）等阶段性特征，而在农业环境 TFP 与农业经济增长具有倒"U"型非线性关系特征的情况下，农业税费改革、财政支农投入、农村工业化、城镇化以及农产品价格体制改革可认为是寻求农业环境 TFP 增长的突破口（李谷成，2014；沈能等，2013；杜江，2016）。而农地产权是否稳定、种植结构、农户兼业状况以及规模化经营等微观因素亦会显著影响农业环境 TFP（梁流涛等，2016）。

（2）碳排放约束下的农业生产率研究。按照学界所用方法，可划分为两类，第一类是碳农业排放强度或碳生产率，均为生产过程中产出与要素投入量之比，但二者却有着本质的区别（潘家华，2011）。当前阶段下，中国农业碳排放强度明显降低（张广胜和王珊珊，2014），各地区中以中部最高，西部最低（葛鹏飞等，2018）。而农田投入要素组合的优化是降低农业碳排强度的有效手段（吴金凤和王秀红，2014）。与之不同的是，全国及各地区农业碳生产率增长较快，尽管省份间差异有扩大之势，但"热点区"和"冷点区"仍具有空间俱乐部收敛迹象（程琳琳等，2016）。整体而言，省域农业碳生产率与其所属地区的经济发展程度保持一致，但区域间"异质化"和区域内省份间"均质化"的特征明显（程琳琳，2016）。农民受教育状况、农业经济水平等是影响农业碳生产率增长的重要因素（蒋年位，2014），而由于农业碳生产率在空间上还存在较强的关联性与溢出效应，使得外省农业经济水平、城镇化、农业对外开放等也会对本省农业碳生产率也具有显著影响（张俊飚等，2017；程琳琳等，2018）。在渔业部门，其碳生产率增长之势也明显，其中以山东、江苏等地较高，而浙江、广西等省区较低，技术进步与产业结构是影响渔业碳生产率的关键性因素（王樱洁，2015）。

第二类则将农业碳排放定义为非期望产出，并将其纳入农业经济核算体系之中。与面源约束下的 TFP 类似，考虑农业碳排放后，农业 TFP 整体也相对偏低，特别是在农业大省（钱丽等，2013），且这种情况也普遍存在于粮食作物方面（罗丽丽，2016）。从生产率分解情况来看，技术效率是抑制碳排放约束下的农业 TFP 不断改善的最大阻碍因素，而由于化肥等施用过度所引起的投入冗余的负面效应亦十分突出（曾大林等，2013；王宝义和张卫国，2016）。杨印生等（2016）研究发现化肥等过度施用导致"自然可处置性效率"下降明显，但保护性耕作等技术的采用会有效改善"管理可处置性效率"。在地域分布上，东部略高于中西部，且东部位于胡焕庸线东南侧方位省区的农业环境 TFP 改善明显，而西部地区的恶化趋势较为明显（张林等，2015；揭懋汕等，2016）。但各地区各不相同，其中东部碳排放约束下的农业 TFP 增长主要得益于技术进步，而技术效率对中西部地区的正向作用较为明显（吴贤荣等，2014），劳动投入等无效率是导致西部农业生产无效率的关键原因（马文娟，2016）。

1.2.3.4 关于农业生产率的收敛性研究

国外学者对农业生产率的收敛性研究非常丰富。狄泰尔等（Thirtle et al.，2003）利用 1981～1996 年博茨瓦纳的数据检验了农业生产率差异的收敛性，发现其农业生产率的 σ 收敛、绝对 β 收敛和随机收敛均不存在。伯纳德和琼斯（Bernard & Jones，1996）利用新古典增长理论框架检验了欧盟 14 国的农业生产率收敛性，发现其农业部门的生产率均存在绝对收敛，且通过了显著性检验，其收敛速度为 6.5%。麦库恩和哈夫曼（McCunn & Huffman，2000）检验了美国 42 个州农业生产率的收敛性，发现存在条件 β 收敛，其收敛速度为 10.1%，而农业科研投资力度和农民的教育水平为推动收敛的关键因素。麦克兰（McErlean，2003）发现中国在 1985～1992 年农业生产率是发散的，而在 1992～2000 年是收敛的，收敛速度是 3.1%。雷兹提斯（Rezitis，2005）检验了 9 个欧洲国家生产率的随机收敛性，发现在样本周期内存在收敛，在考虑固定效应和时间效应后结论仍然成立且结果非常稳健。拉赫曼（Rahman，2007）分析了 1964～1992 年孟加拉国农业生产率的收敛性，发现其农业生产率存在 σ 收敛、绝对 β 收敛和随机收敛。雷兹斯（Rezits，2010）检验了美国和 9 个欧洲国家的农业生产率的收敛性。发现在 1983～1993 年存在显著的绝对收敛，在整个样本周期内仅存在显著绝对 β 收敛，而 σ 收敛不显著。亚历克西斯（Alexiadis，2010）利用欧盟 26 国的样本数据验证其农业生产率的收敛性，发现其农业生产率存在显著的俱乐部收敛，绝对 β 收敛不明显。刘等（Liu et al.，2011）检验了美国农业生产率的敛散性，发现其农业生产率 σ 收敛不显著，但 β 收敛显著，且技术水平、政策偏好和地区制度并未影响其收敛趋势。赛克约等（Cechura et al.，2017）利用 2004～2011 年欧盟 24 国的面板数据检验了农业生产率的收敛性，并回答了技术进步等其他因素是如何影响农业生产率收敛性的问题。巴拉特等（Barath L. et al.，2016）利用 2004～2013 年欧盟奶业的面板数据，验证了奶业的全要素生产率的收敛性，结果显示没有明显证据表明落后地区正在以更快的速度追赶生产率高的地区而呈现出收敛的趋势。

国内对农业生产率差异及其收敛性研究相对较晚，但也成果颇多。胡华江（2002）利用农业综合生产率计算了中国 1995～1998 年的农业生产率，认为中国省域农业生产率差异较大，且这种差距呈现出扩大之势，究其原因是科技生产力差异急剧扩大是导致农业生产率的区域差异的主要原因，而劳动、资本和土地等要素生产率也是不容忽视的因素。韩晓燕等（2005）运用新古典收敛理论检验了全国以及东中西部地区农业生产率的收敛性，发现 1985~1991 年农业生产率不存在收敛，但 1992~2002 年存在条件 β 收敛，农业和农村的市场化程度是影响农业生产率收敛性的关键因素，短期内可以通过改善农村教育状况和提高耕地灌溉率来提升农业生产率。赵蕾（2007）利用新古典理论检验了中国省际农业生产率的收敛性，认为 1981~2003 年中国省域的农业生产率不存在 σ 收敛，但存在 β 收敛，且农业技术进步有助于加速农业生产率的收敛。赵蕾等（2007）利用面板单位根检验农业生产率的收敛性，在控制时间效应、个体效应和序列相关等因素后，中国农业生产率仍存在较稳健的条件 β 收敛。石慧等（2008）利用参数和非参数相结合方法，测算了全国 29 个省份的农业生产率，发现中国农业生产率 σ 收敛不显著，但有显著的绝对 β 收敛。在中国东、中、西三大地区中，仅仅东部地区农业生产率的差异逐渐缩小，出现了收敛的趋势。中、西部地区农业生产率的差异不存在无条件缩小的趋势，中部地区虽有缩小，但这种趋势不明显。曾先峰等（2008）检验了我国 28 个省份的农业生产率的收敛性，发现中国农业生产率无论是整体还是分区域都存在 σ 收敛，但不同地区在不同期间内的收敛性存在差异，农业生产率增长的关键因素是农业技术进步。李谷成（2009）认为 1978~2005 年中国农业生产率 σ 收敛和绝对 β 收敛性均不显著，但有显著的条件 β 收敛，认为通过政策措施引导有可能实现 TFP 增长的绝对收敛。曾国平等（2011）对 1978~2007 年中国农业生产率收敛性进行了检验，发现全国以及东、中、西三大地区均不存在 σ 收敛，但全国以及中、西两大地区有显著 β 收敛，东部地区 β 收敛不显著。韩海彬等（2013）在环境约束条件下测算了 1993~2010 年我国 29 个省份的农业全要素生产率，发现约束的农业全要素生产率 σ 收敛和绝对 β 收敛是显著的，但 σ 收敛趋势不稳定。潘丹等（2013）测算了 1998~2009 年中国农业生产率，并运用马尔科夫链分析了农业生产率的收敛性，发现考虑环境污染的农业生产率并没有收敛迹象，而是形成了低生产率至高生产率的四个集聚点，没有稳定的分布矩阵，各地区农业生产率差异的趋势基本稳定。尹朝静等（2014）运用核密度和马尔科夫链分析了农业全要素生产率增长的动态演进情况，发现各省份农业全要素生产率的差异显著，低水平至高水平之间大致可以分为四个俱乐部，极化现象明显，趋同很难实现。史常亮等（2016）采用面板单位根检验方法检验了中国农业全要素生产率的收敛性，发现样本期间内中国农业全要素生产率增长的区域差异较大，不存在随机收敛。王宝义和张卫国（2018）研究发现碳排放约束下的农业 TFP 不仅具有较强不均衡性与"俱乐部收敛"现象，还与农业经济之间具有"U"型关系特征。

1.2.3.5 关于农业生产率的影响因素研究

制度因素对农业生产率影响。中国在 1952 年推行了合作化运动，1952～1978 年，农业生产率下降了大约 25%。而在 20 世纪 80 年代初期实行了家庭联产承包责任制，农业生产率得到了大幅提高，1978～1984 年中国农业生产率增长大约 55%，其中 78% 来自家庭联产承包责任制这一制度的实施，但这一时期农业技术效率的贡献要高于农业技术进步，家庭联产承包责任制对农村经济制度演变和农村经济增长作用较为明显（Kalirajan et al.，1996）。另外，中国农产品第一次政策性提价的作用也较为明显（Lin，1992），但这也同样表明这种制度激励效应往往是一次性的（Lin，1992）。中国农业生产率的快速增长得益于中国农村改革和市场化的经济改革，但在不同的阶段和不同的区域农业生产率增长存在较大的差异（Lambent & Parker，1998）。后来的学者在格里利克斯（Griliches）生产函数框架下，继续推动对农村经济制度演变的延伸研究，黄少安等（2005）探讨了中国改革开放前的土地产权制度变迁对农业生产率的影响，发现土地产权制度不同，土地的产出也不一样，充分说明了土地产权制度对农业生产率增长的重要作用。乔榛等（2006）从理论与经验两个层面论证了制度变迁是中国农业增长的决定性因素。还有学者利用省际面板数据，采用计量模型分析了农村经济制度演变、区域差异与农业增长之间的关系（李谷成，2009）。

农业公共投资对农业生产率影响的研究。在没有大规模农业投入增加的情况下，通过人力资本投资和市场化改革可以促进中国农业生产率的增长（Huang & kalirajan，1997）。张淑辉等（2013）研究了农业公共投资与农业生产率之间的关系，发现其对农业技术效率的促进作用，农业 R&D 投入与水利设备投入可以显著提高农业生产率。孔昕（2016）在农业碳排放约束下分析了农业生产率的影响因素，认为农业开放度、农业投资等对农业生产率有影响，在不同阶段其影响程度不同，农村经济发展水平以及低碳意识等制约了农业生产率的发展。

人力资本对农业生产率影响的研究。人力资本对 TFP 的影响会受到经济发展水平的结构性调节作用（姚增福等，2017）。农村基础教育、人力资本、农业结构优化、农业贸易开放度、农业经济等均是影响其进一步增长的重要因素（高鸣和宋洪远，2014；于伟咏等，2015；孔昕，2016）。部分学者认为农村劳动力老龄化和教育提高了农业生产的技术效率，而女性化降低了农业生产的技术效率（彭代彦，2013），提出从劳动力流动、农村经济发展、投资于农业机械化的能力、土地质量改进等方面提升农业全要素生产率（Bao，2014）。孙良斌等（2017）利用南方五省水稻种植户调研的微观数据分析了影响农业生产率的因素，发现农户文化程度、劳动投入等对经营大户有显著正向影响，对小农户影响不明显。

也有学者考察财政支农、城市化水平、对外开放度、出口等因素对农业生产率增长差异的影响（郑云，2011）。还有学者从技术扩散的视角讨论了相关因素对农业生产率的影响（李谷成，2010）。除了上述提到的因素外，空间区位因素等亦是重要的影响力量（吴贤荣等，2015；王宝义，2018），而农户特征、技术培训、农业信贷、农户经营规模等因素也是影响粮食环境 TFP 的重要因素（田旭和王善高，2016；Saikia，2014）。

1.2.4 文献述评

综上，我国农业碳排放领域问题主要集中在农业碳排放总量测算、碳排放因素分解、碳排放绩效测度、农业减排路径选择与政策设计等方面。目前，学界基本达成的共识是，在关注农业经济增长同时，更应考虑农业生产带来的外部性问题，并将环境因素纳入进来（戴平生，2008；匡远凤，2012）。基于此，越来越多的学者将碳排放作为环境因素纳入经济增长分析框架之中，为测度碳生产率提供诸多可能。部分学者探讨经济增长、碳排放量、能源效率、外商直接投资、出口复杂度等、技术进步与碳生产率的关系（李小平等，2014）以及碳生产率的外部改进空间（张成等，2015；程琳琳等，2016）。上述文献在一定程度上丰富了碳生产率的研究成果，为后续研究奠定了坚实的基础，但仍存在进一步细化与深入研究的空间。本研究认为还可从以下方面进行优化与完善：

（1）缺乏对粮食主产区农业碳生产率时空分异特征与历史变迁轨迹的刻画。以往文献多集中在中国农业碳生产率的区域差异及趋同问题研究上，而农业碳排放、农业碳排放效率均存在明显的空间自相关性与溢出效应的特征，粮食主产区农业碳生产率很可能具有类似特征，但以往文献并未对粮食主产区农业碳生产率所具有的阶段性特征及空间分布模式进行探索，这样难以客观地把握中国粮食主产区农业碳生产率的实际发展状况。

（2）忽视了空间地理因素的作用。以往对农业碳生产率相关研究中，仍以传统计量经济分析方法为主，大都基于区域均质化的假设展开探讨，往往忽视了空间地理因素的作用以及区域之间可能存在的空间依赖性。与此同时，在不同的空间互动状态下，粮食主产区农业碳生产率所呈现的空间状态与分布模式并非杂乱无章，反而有其内在机理，只不过鲜有文献对粮食主产区农业碳生产率增长的机理进行理论阐释并展开实证检验。可行的方法是，将空间因素纳入计量经济模型之中，采用空间计量经济分析方法对其现有的时空分布特征进行阐释。

1.3 研究思路与研究内容

本研究的主要思路如下：第一，对国内外研究文献进行全面梳理与评述，并对相关概念和重要的理论进行回顾与总结，构建本研究的研究框架。第二，对中国粮食主产区农业碳排放进行全面核算，为粮食主产区农业碳生产率提供数据支撑，结合农业投入产出的相关数据，对中国粮食主产区农业碳生产率进行测度。第三，考察中国粮食主产区农业碳生产率的时序趋势和空间分布格局及差异，分析中国农业碳生产率的时空分异特征。第四，从空间地理视角对影响中国粮食主产区农业碳生产率增长的宏观因素进行分析，识别中国粮食主产区农业碳生产率时空分异的主要动因。第五，基于理论与实证分析两方面，结合研究结论提出提升中国粮食主产区农业碳生产率的对策措施，以期为中国粮食主产区低碳农业发展和制定相关农业气候适应政策提供必要的参考依据。研究思路如图 1－1 所示。

本书共 10 章，详细阐述中国粮食主产区农业碳生产率发展现状、时空特征、影响机理及政策推进机制等。各章节具体内容如下：

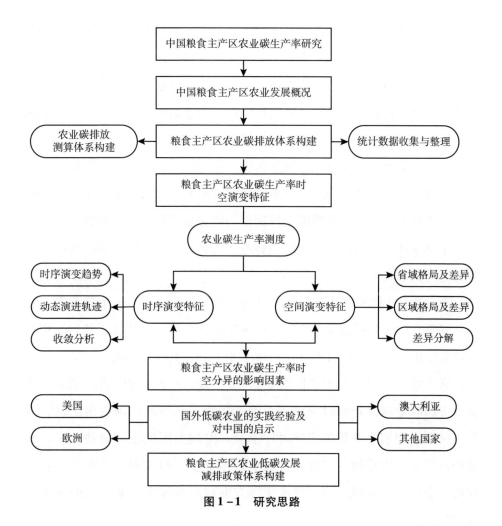

图 1-1 研究思路

第 1 章是绪论。首先，对研究背景及意义进行介绍；其次，通过梳理国内外相关文献，了解当前研究动态；再次，介绍本书的研究思路、研究内容和研究方法；最后，探讨本书可能的创新之处。

第 2 章是相关概念与理论基础。一方面，对低碳农业、农业碳排放以及碳生产率的概念进行介绍；另一方面，简要回顾经济增长理论、低碳经济理论与环境库兹涅茨曲线假说，为后续的深度分析提供必要的理论支撑。

第 3 章是中国粮食主产区农业发展概况。主要对我国粮食主产区的范围进行界定，进而对我国粮食主产区农业投入和产出数据进行统计。

第 4 章是中国粮食主产区农业碳排放测度。对粮食主产区农业碳排放量进行了全面核算，并分析当前粮食主产区农业碳排放的时空特征，为测算粮食主产区农业碳生产率提供可靠的数据支持。

第 5 章是中国粮食主产区农业碳生产率的时序演变特征。在第 4 章测算结果的基础上，从不同时间、不同地区对粮食主产区农业碳生产率的时序演变特征进行研究，并借助于核密度与收敛检验等方法，对农业碳生产率时序演变趋势、趋同与异化的趋势进行分析，为后文粮食主产区减排政策制定提供事实依据。

第 6 章是中国粮食主产区农业碳生产率空间演变特征。本章首先从省和区域两个层面分析粮食主产区农业碳生产率空间分布特征，然后运用泰尔指数分析粮食主产区农业碳生产率水平差异及其分解情况。

第 7 章是中国粮食主产区农业碳生产率时空分异的影响因素。本章结合中国农业碳生产率时空格局与演变历程，从空间地理视角出发，引入空间因素识别农业碳生产率时序演变、空间差距的主要驱动因素，并就产业集聚、农作物受灾程度、农业技术进步、制度和政策因素、农业财政资金投入、区域经济发展水平等方面对农业碳生产率增长的决定因素进行分析。

第 8 章是国外低碳农业的实践经验及对中国的启示。梳理世界各国低碳农业发展历程，与我国进行对比分析，总结可供借鉴的经验做法，为我国农业低碳发展提供参考和决策依据。

第 9 章是中国粮食主产区农业低碳发展减排政策体系构建。本章从指导思想、减排原则、减排手段、减排依据、减排目标和减排政策等方面构建我国粮食主产区农业低碳发展减排政策体系。

第 10 章是研究结论与展望。本章就前文研究所得到的基本结论进行全面的总结和概述,并提出相应的政策建议;同时针对本研究的不足,进行未来展望。

 ## 1.4 研究方法

(1)探索性空间数据分析方法。综合运用 ArcGIS 空间可视化技术能够对研究对象有更为直观的认识。在探讨中国农业碳生产率的空间格局时,本研究利用 Arcgis 10.8 空间分析模块,借助空间分析技术刻画中国粮食主产区农业碳生产率的空间分布差异,为分析空间碳生产率空间分异的决定机制提供参考。

(2)空间计量分析方法。空间地理因素在分析环境问题过程中发挥着重要作用,忽视空间异质性的假定,往往会降低研究结论的现实解释力。当前阶段下,中国农业发展在空间上具有较强的依赖性,这使得区域间的农业发展存在较强的空间关联效应。按照空间计量经济学的基本步骤,本研究将先使用全域和局域空间自相关指数对农业碳生产率空间依赖性进行检验;在此基础上,进一步运用空间杜宾模型、空间误差模型和空间滞后模型探讨农业碳生产率的决定因素。

(3)统计分析方法。除了上述所呈现的几类统计与计量分析方法外,根据研究目的,采用多种统计分析方法对农业碳生产率及其相关内容进行分析,主要包括描述性统计分析、核密度函数、指数分解法等。比如,分析农业碳生产率时序变化趋势和省域差异时,运用描述性统计分析方法;考察农业碳生产率时序动态演化轨迹时采用核密度函数刻画;对于农业碳生产率地区差异分解采用泰尔指数等进行研究。

1.5 研究创新

（1）多角度刻画与分析了粮食主产区农业碳生产率的历史变迁轨迹与空间结构分布，并揭示了其时空分异特征。目前，鲜有文献从时间和空间维度对中国粮食主产区农业碳生产率的研究开展较为细致与透彻的考察，对其把握也不够客观、全面与深入。本研究从粮食主产区农业碳生产率的时变趋势、动态演化轨迹、趋同与趋异性、空间分布格局、空间变迁轨迹、区域差异及其分解、空间聚类模式等展开深入分析，这为清晰地把握中国粮食主产区农业碳生产率的地区差异及其差异来源具有重要作用，并在一定程度上为识别不同粮食省区农业低碳发展水平提供了参考。

（2）基于新经济地理学、低碳经济理论等，结合农业碳生产率的阶段性特征，构建了粮食主产区农业碳生产率时空分异理论分析框架，从空间地理视角检验了粮食主产区农业碳生产率的空间效应，并探讨了农业产业集聚、农作物受灾程度、农业技术进步、制度和政策因素、农业财政资金投入、区域经济发展水平等对粮食主产区农业碳生产率的作用机理。

第 2 章

相关概念与理论基础

考察中国粮食主产区农业碳生产率，有必要对一些相关的概念与理论进行归纳与总结，为接下来的研究奠定基础。基于此，一方面，本章在参考已有研究成果的基础上，分别对低碳农业、农业碳排放以及农业碳生产率的概念进行介绍；另一方面，对研究可能涉及的一些重要理论进行阐述，包括经济增长理论、低碳经济理论和环境库兹涅茨曲线假说等。

2.1 相关概念界定

2.1.1 低碳农业

低碳农业是指在可持续发展理念指导下，通过产业结构调整、技术与制度创新、可再生能源利用等多种手段，尽可能减少农业产供销过程中的高碳能源消耗和温室气体排放，在确保食品供给及粮食安全前提下，实现高能效、低能耗和低碳排放的农业发展模式（谢培秀，2013）。

低碳农业有四大特征（翁伯琦，2011；吴义根，2018）：第一，低碳农业是低排、少取、循环的农业。低碳农业要求在农业生产过程中，以能源消耗最少、排放最少，最终达到循环利用的目的。高碳农业是对农业生产废弃物没有合理充分利用，对农业生产资料如土地造成很大的破坏和浪费。第二，低碳农业是一种高效农业。低碳农业不仅追求低碳，更追求高效，低碳农业是开发新技术，推广应用新成果，提高劳动生产率，提高经济效益和社会效益的一种高效农业。第三，低碳农业是可持续发展的农业。低碳农业作为可持续发展的农业，是以实现人类的长远发展为目标，既要满足当代人的需要，又要保证后代人的发展需求；既要降低农业生产中的生态成本，又要实现农业的最大产出。第四，低碳农业是安全性农业。生态安全、粮食安全、食品安全既是低碳农业发展的重要目标，又是农业可持续发展的必然要求。高碳农业恰恰相反，不仅对生态环境产生了破坏，又大大地威胁了全球的生态安全。

2.1.2 农业碳排放

农业碳排放是指农业种养过程中，资源（能源）投入使用、种养生长过程及各类废弃物处理所产生的排放活动（王宝义，2016）。其中，资源（能源）排放主要包括农业化学制品生产使用及农业机械动力消耗能源带来的直接间接排放；自然源排放主要包括水稻种植、动物反刍排放及农业播耕直接释放有机碳等；废弃物处理排放主要包括秸秆焚烧及动物粪便处理等带来的排放（张广胜，2014；田云，2020）。从广义角度理解，农业纵向产业链包括产前、产中、产后直接间接带来的排放；横向产业范围包括农林牧副渔业带来的排放。

本书研究的农业碳排放主要包括农地利用的二氧化碳（CO_2）排放、水稻种植的甲烷（CH_4）排放、反刍动物的肠道发酵和粪便产生的甲烷引起的碳排放（田云等，2015；Zhao et al.，2016）。为方便分析测算，统一将测算过程中所有的 $CO_2 + CH_4$ 置换成标准碳（C）。根据 IPCC 评估报告可知，1 吨 CH_4 引发的温室效应等同于 6.82 吨碳（25 吨 CO_2）的作用，1 吨 N_2O 引发的温室效应等同于 81.27 吨碳（298 吨 CO_2）的作用（程琳琳，2018）。

2.1.3　农业碳生产率

碳生产率是衡量低碳经济发展水平的重要指标（潘家华等，2010）。低碳经济蕴含"发展"与"减排"两层含义，其试图在降低碳排放的同时，获得更多的经济产出，即兼顾"保增长"与"促减排"双重目标。低碳经济的本质要求，就是提高碳的生产力，即每排放一单位二氧化碳，能够产生更多的 GDP（何建坤等，2009）。因此，在提高经济发展质效时，将碳排放等环境约束考虑在内是发展低碳经济的内在要求。

碳生产率是针对碳排放效率而出现的，也常常被称之为碳效率，碳均GDP。碳生产率的概念最早是由卡雅等在 1993 年提出来的，其含义是对单位二氧化碳排放量所对应的 GDP 产出水平的测量，集中体现了单位二氧化碳排放所带来的经济效益。归根到底，碳生产率是将温室气体排放量的降低和生产经济的增长进行结合的一种概念，在很大程度上可以体现出某一区域内为降低温室气体排放量方面所采取的措施和进行的努力，是节能减排的重要数据。碳生产率概念的出现是经济社会发展到一定阶段的必然结果，理论上属于宏观经济学中经济增长理论的范畴碳。

碳生产率也可分为单要素碳生产率和全要素碳生产率（程琳琳，2018 高文静，2012；王首，2013；胡威，2016）。对于农业而言，前者是从碳生产率含义出发所产生的概念，即单位农业碳排放所产生的农业经济产出；后者则是在全要素分析框架下衍生出来的概念，是指在其他投入要素

（劳动、土地等）及技术水平保持不变的条件下，尽可能少的农业碳排放量产生更多农业经济产出。本质上来讲，农业碳生产率与劳动生产率、土地生产率、资本生产率同质的指标（潘家华和张立峰，2011）。

碳生产率具有如下三个特征：

第一，碳生产率具有"U"型阶段性特征。众多学者就 CO_2 与人均GDP 之间的关系进行研究（通常被称为"CKC"），那么如果 EKC 或 CKC 假说成立，这就意味着 CO_2 与人均 GDP 间存在倒"U"型非线性特征（王首，2013）。由此，这种曲线关系特征不仅会体现在碳排放上，还会表现在碳排放强度方面，且后者的峰值点要先于后者出现。因此，碳生产率作为碳排放强度的倒数，按照 EKC 的假定，应该呈现出"U"型发展趋势。图 2 - 1 描绘了碳排放、碳排放强度及碳生产率三者的变化趋势及可能的关系（王萱，2013）。

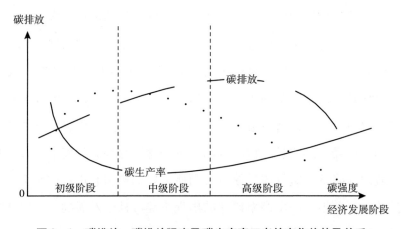

图 2 - 1　碳排放、碳排放强度及碳生产率三者的变化趋势及关系

从图 2 - 1 中可看出，三者的变化趋势可分为截然不同的三个阶段，且每个阶段三者的变化均不同（程琳琳，2018）。第一阶段：经济发展初级阶段，碳生产率具有"低收入，低消耗，低排放"特征。在经济发展

的初级阶段，经济发展水平低下，由于第一产业在产业结构中所占比例较大，能源消耗低下，碳排放量也很小，"低收入，低消耗，低排放"是这一阶段的特征。因此，在这一阶段中农业会有较高的碳生产率。第二阶段：经济发展中级阶段，碳生产率具有"能耗高，碳排放量大，污染严重"的特征。在经济发展的中级阶段，这一阶段主要是指工业化阶段。这一阶段经济发展水平加快，经济规模也迅速扩大，第二产业所占比重较大，同时，以化石能源为主的能源消耗明显提高，从而导致碳排放量也明显加大，"能源消耗高，碳排放量大，污染严重"是这一阶段的典型特征。因此，这一阶段中第二产业的碳生产率会较低，并可能影响一个国家或地区碳生产率的变化，从而使得这个国家或地区的碳生产率也可能较低。第三阶段：经济发展高级阶段，碳生产率具有"高收入，低消耗，低排放"特征。在经济发展的高级阶段，碳生产率的重要性逐渐被人们所认识，产业结构不断优化升级，技术水平，能源利用效率以及减排效率不断提高，这一阶段中第三产业所占比重较大。在这一阶段，能源在进一步推动经济增长的同时，化石能源需求不断减少，取而代之的是清洁能源消耗量不断增加，从而使得碳排放量不断减少。"低碳经济"是这一阶段的主要经济发展模式。所以，在这一阶段中第三产业会有较高的碳生产率，并可能影响一个国家或地区碳生产率的变化，从而使这个国家或地区也会有较高的碳生产率。第四阶段：经济发展终极阶段，碳生产率具有"高产出，零排放"特征。人类社会不断发展并达到一个顶峰，在这一阶段中经济高度发达，能源的消耗全部来自清洁能源，人们各种社会活动不再生产二氧化碳，社会碳排放量为零，因此，这一阶段碳生产率无穷大，也就意味着碳生产率完成了其历史使命。当然，这也只是一种理想的状态。

第二，碳生产率具有相对性。主要表现在两个方面，其一，碳生产率是 GDP 与碳排放量的比值，是一个相对量，受到碳排放量和经济增长的共同影响。GDP 或碳排放的变化是碳生产率变化的必要条件。当碳生产率发生变化时，GDP 或碳排放一定发生了变化。当 GDP 或碳排放发生变化时，碳生产率不一定会发生变化。其二，单一碳生产率指标的高低并不能唯一的反映一个国家（地区）以及产业低碳经济发展水平的状态，而是要结合经济发展水平、产业结构、能源消费、消费水平等指标进行综合分析。

第三，碳生产率具有区域差异性。本研究探讨的碳生产率本质上可视为一种经济增长问题，按照前文所述的经济增长理论特别是内生增长理论和新经济地理学理论，碳生产率具有区域差异性特征。由于受到经济发展水平、能源消费结构、产业结构、能源利用效率、消费结构和消费水平等因素的影响，一个国家或地区的碳生产率会存在明显的区域差异性。一般来说，碳生产率的总体分布差异主要是由地区内差异引起的，东部地区内部差异在不断缩小，中部地区内部差异先大后小，而西部地区内部差异却呈现出扩大的趋势。当然，这个区域差异不仅仅表现在不同空间维度上，还表现在同一空间维度下不同时期阶段。而按照蒋年位（2014）的发现，碳生产率的这种差异性主要由地区内部不同省份间的差距拉大所致，而非区际的差异造成的。同时，对于不同地区来讲，由于其受到期初经济发展水平、国家政策、人力资本积累等影响，其内部省份间的差距情况各不相同。如经济发达的地区（如中国的东部），其碳生产率不仅初始值略高，且其内部各省份间碳生产率的差距也在不断缩小；在经济中度发达地区（如中国的中部），其初始碳生产率处于中低水平，区域内部省份间碳生产率的差距会呈现"由大到小"的变动趋势；而在经济欠发达地区（如中国的西部），期初的碳生产率偏低，且其内部省份间碳生产率的差距不断呈现分化之势，省域间的非均衡性较强。

2.2　理论基础

2.2.1　经济增长理论

关于经济增长问题的研究，最早可追溯至 1776 年亚当·斯密出版的经典著作《国富论》；其后，约翰·穆勒于 1848 年出版的《政治经济学原理》对经济学增长问题进行了更为深入的探索；但自此以后，鲜有主流经济学家对经济增长问题展开研究，直到 1939 年英国著名经济学家哈罗德发表《动态理论》一文，经济增长理论才重新被主流经济学家所关注（赵辉，2009），并步入到了一个全新发展阶段。20 世纪 50 年代开始，索洛（1956；1957）、斯旺（1956）等将凯恩斯经济学中的边际生产率理论与生产函数理论引入到了经济增长分析中，从而形成了新古典经济增长理论。新剑桥学派的钱拍努恩（1953）、斯拉法（1950）等则以李嘉图的收入分配理论为依据，将其与经济增长理论有机结合，并充分考虑宏观经济的稳定条件，来研究经济增长问题。20 世纪 80 年代中后期开始，伴随着两篇经典论文《收益递增和长期增长》（罗默，1986）与《论经济发展机制》（卢卡斯，1988）的问世，经济增长理论发展步入到了一个全新的阶段，即新经济增长理论阶段（杨凤林等，1996；虞晓红，2005）。

（1）古典经济增长理论。

亚当·斯密的《国富论》是古典经济增长理论的起源，该著作主要解决社会财富的来源以及财富如何积累这两个核心问题。对于前一个问题，亚当·斯密（1776）给出如下解释，分工是促使社会财富持续增长的源泉，其与专业化程度一道成为了影响市场范围大小的两大关键性因素；对于后一个问题，斯密认为，可以通过两种方式实现财富的增长（积累）：第一，通过劳动分工提高生产率，具体手段包括三类，即拥有熟练的劳动技能、尽可能减少劳动时间、机器生产取代手工劳动；第二，增加生产性劳动人数。不过，生产性劳动是否增加完全取决于资本是否增加，由此可见，决定财富生产最为关键的因素是资本积累，换言之，可将资本积累看作是引致劳动分工与技术进步的决定性因素（田云，2015；虞晓红，2005）。在亚当·斯密之后，李嘉图沿着收入分配这一逻辑主线，构建了新的经济增长理论。在他看来，劳动、资本与土地构成了生产的三大基本要素，其中，经济增长与资本积累二者之间存在较强的相关性；与此同时，资本又是利润的函数，而利润的多寡又主要取决于工资与地租水平的高低。由于主要受劳动者及其家庭生活必需品价格影响，从长期来看工资基本维持不变；但地租却并非如此，因为土地属于稀缺性资源，随着数量的减少其价格必然会持续上升，而当土地被利用到最大限度时，地租将达到最高值，此时利润会降为零，其资本积累的原始动力就此消失，经济也会随之停止增长。从中可以获取的信息是，财富增长较快的国家其地租增长通常较为缓慢。与亚当·斯密相比，李嘉图不再将经济增长仅看作一个技术过程，而是强调了收入的合理分配对经济增长所产生的决定性作用。总体而言，由于受亚当·斯密思想的长期影响，物质资本在古典经济增长理论中被反复提及并不断强化，资本存量尤其是资本积累速度被看作是推进或者抑制经济增长的首要因素。

20世纪40年代后期所提出的哈罗德—多马模型是古典经济增长理论最为典型的代表之一。其中，哈罗德的增长模型主要从资本和劳动两方面展开，其目的是阐述某个生产主体（一个国家或地区）长期基于特定增长率均衡增长所须满足的一些基本条件（或假设），具体包括四个方面：一是全社会只能生产一种产品，且该产品具有消费与投资的双重属性；二是全社会只存在资本、劳动两种相对单一的生产要素，且二者不能相互替代；三是生产规模报酬不变，即单位产品成本与生产规模之间不存在相关性；四是技术条件一直处于不变状态（田云，2015）。

哈罗德—多马模型是对凯恩斯理论的一大拓展，因为它克服了凯恩斯理论所存在的两大局限性：一是解释经济现象仅从需求层面着眼；二是采用的分析方式以短期分析为主（田云，2015）。"二战"以后，哈罗德－多马模型被广泛运用到发展中国家经济问题的研究上，主要涉及经济的长期增长、投资—储蓄与经济增长二者关系的处理等方面。不同于发达国家，发展中国家虽劳动力资源较为丰富，但资本却严重匮乏，且前者远不足以替代后者在生产中所能发挥的巨大效用，为此，强调资本形成与经济增长之间的动态关系就显得极为必要。也正是基于这一点，哈罗德－多马模型还成了现代发展经济学的一个重要组成部分。当然，该模型也存在一些缺陷，主要体现在三个方面：第一，储蓄全部转为投资是该模型成立的基础，但在实际中，储蓄能否全部转为投资受多种因素影响，如利率弹性、投资者/消费者心理预期、收入分配制度等，非常复杂，在模型中仅凭抽象描述必然会影响其解释力。第二，哈罗德－多马模型排除了技术进步对经济增长的影响，因为它满足了一个假定条件，即资本与产出的比例维持不变。但很显然，该假定不适用于长期经济增长问题的研究，因为在长期条件下生产技术必然会对资本—产出比例产生影响。第三，哈罗德－多马模型突出的是资本决定论，这与古典经济学早期强调的劳动价值论是相悖的，虽然模型肯定了劳动力与资本均是推动经济增长的重要因素，但着重阐述的却是资本要素与经济产出间的动态关系，而较少涉及劳动力对经济增长的关系。

（2）新古典经济增长理论。

随着研究的进一步深入，有学者开始对哈罗德—多马模型所得出的"资本主义市场经济不能实现持续稳定增长"的结论提出了质疑，认为这一结论的得出与该模型假定了资本与劳动无法相互替代（即二者比例固定不变）有着较为密切的关系，而一旦二者可以相互替代，资本主义市场经济就能实现持续稳定的增长。正是基于对哈罗德等研究结论的质疑，于20世纪50年代后期诞生了新古典经济理论，其最大的特点就是将技术当成外生变量，具体到经济学家主要以索洛、斯旺、丹尼森等为代表，其理论自此占据统治地位近30年。

索洛在接受哈罗德—多马模型一些基本假设的同时，摒弃了要素比例不变这一前提，并在具体的生产函数构建中引入了资本、劳动这两类生产要素，且二者可以相互替代（瑰斌贤，2001），由此形成了新古典经济模型。索洛等将经济增长归结于资本、劳动与技术进步三者的共同作用，其中无法用资本和劳动解释的经济增长部分均被看成是技术进步所致，这也就是著名的"索洛余值"，这是索洛对经济增长理论一个最大的贡献，因为即使我们可以识别多种投入要素，但经济在运行过程中总会存在一些无法识别的因素，所以利用索洛余值测度生产率增长是非常有意义的（熊俊，2002）。而后，丹尼森通过实证分析美国经济增长验证了索洛的观点，使其思想得到了进一步巩固。其研究表明，资本与劳动力对经济增长的贡献率正呈现逐步下降态势，而技术进步等因素开始取代它们成为推进经济发展最为重要的源头。

索洛增长模型具有三大特点：第一，经济增长源于劳动与资本的共同促进；第二，劳动与资本可以相互替代；第三，可通过价格机制（主要是利润率与工资率的相对变动）调节劳动与资本的投入量及其投入比。但与此同时，索洛增长模型也存在一些不足，同样表现在三个方面：其一，技术进步虽被看成是促进经济增长的关键因素，但又将其作为外生变量而未进行全面深入地研究，使其成了一个悬而未决的"黑箱"问题；其二，由于其根基是凯恩斯主义产生前的自由市场经济理论，一些假定与实际情况存在不符，如投资与储蓄、工资与劳动边际生产力、利息率与资本边际生产力都存在相等关系，这些问题的存在极大降低了该模型的解释力与适用性；其三，生产过程中资本与劳动可任意相互替代与实际也是不符的，在现实中，劳动与资本的合理组合是由生产过程中的技术因素所决定。

（3）新经济增长理论。

新古典经济理论虽然意识到了技术进步对经济增长的决定性影响，但仅将技术进步看作外生变量，并未对"索洛余值"的发生机理做出科学解释。从 20 世纪 80 年代中后期开始，以罗默等为代表的一批经济学家围绕如何将"索洛余数"内生化这一问题，分别从技术变化、人力资本积累等方面着眼，重新构建了经济增长模型，进而引发了经济理论研究视角与方法的全面转移，为了与古典经济增长理论区分，被称之为新经济增长理论。

罗默（1990）提出了"收益递增增长模型"，这区别于传统的收益递减或不变的增长模式。在罗默模型中，技术变化具有内生性。特殊知识作为一个独立要素，不仅自身能形成递增收益，还能带动资本、劳动等投入要素，进而促使整个经济主体规模收益得到大幅提升。1990 年，通过"内生的技术变化"与"非凸性对理解增长重要吗"这两篇论文的前后发表，罗默将经济增长归结于资本、非技术劳动、人力资本与新知识四种要素的共同作用，其中又以知识最为重要。在他看来，收益之所以能递增、不同国家经济增长率存在差异的重要原因在于知识可以提高投资效益；作为一种生产要素，知识与资本等其他要素一样，也须放弃当前消费才可获得，因此，只有对知识进行投资，才能促进经济持续增长；投资与知识二者相互促进，投资能提升认知水平，而知识储备的增加反过来又能促进投资，如此良性循环，就能让一个国家的经济持续快速增长。

卢卡斯（1988）则从另一个视角解释了经济增长的内在机制。在他看来，经济产出的增加应归功于人力资本的积累，具体而言，是将舒尔茨的人力资本与索洛的技术进步概念相结合，定义为"专业化的人力资本"或者"每个人"。卢卡斯强调了人力资本的重要性，并将其作为独立因素内生化，进而认为产出的多少与物质资本、人力资本的投入量以及知识的溢出效应紧密相关。在他看来，知识的溢出效应主要由人力资本的投入量决定，而与物质资本投入的关系不大，人力资本投入的增加不仅能提高产出，还有助于社会人力资本总水平的提升，进而提高社会总体效率，并使企业和个人从中获益。

斯科特（1990）基于总投资角度，构建了一个"缺少总产量生产函数"的经济增长模型，该模型主要涉及经济增长率、工资增产率、劳动力增长率、年均投资率、投资增长（收益）率、劳动效率等变量。斯科特认为，产出的提高主要取决于资本投资率与劳动生产率的增加，技术进步、新知识增加、人力资本积累均不是独立的要素。杨小凯和博兰德（1991）在借鉴亚当·斯密分工理论的基础上，立足于微观视角，为经济增长理论确定了一个新的发展方向。

（4）新经济地理学理论。

延续内生增长理论基本分析框架，以克鲁格曼（Krugman，1991）和藤田昌久（Fujika Masahisa，1999）为代表的新经济地理学派开始从空间地理视角探寻经济增长的动源，其又名"空间经济学"。该理论继承了内生增长理论不完全竞争与收益递增的基本假设，并引入空间因素，以寻求经济增长动因，故而其对现实的解释力也大大增长。结合本研究的需要，该理论观点可概括为空间外部性理论和空间非均衡与极化理论。

空间外部性理论。空间外部性又可理解为空间溢出效应，其指的是空间相邻地区间的互动与作用形式，进而由此在空间上所形成的规模效应，其直接表现为空间依赖性、异质性与外溢性（Marshall，1930；Quah，1995）。具体来看，一方面，空间外部性主要体现在由生产要素自由流动所形成的技术的外部性与资金外部性上。一般地，正的空间外部性推动经济增长，而负的空间外部性抑制经济增长（Jacobs，1969）。由产业间互动、技术与知识外溢、基础设施共享而形成的空间规模报酬递增效应，将大大降低经济活动成本，并产生特定地区的产业集聚现象，这将推动经济增长（Krugrnan，1995）。但由于各地区间产业联系强度与技术外溢程度存在差异，又会使这种空间溢出效应或外部性具有非对称性，这将导致区际的分化与非均衡化发展。另一方面，由于存在一定的技术外部性与资金外部性，这便决定了特定经济活动在一定地域内的集聚发展或分化发展并非随机产生的结果而实际上是由经济活动循环累积形成的影响。即一地区如若有企业选择入驻，那么该地区便有了吸引其他企业不断流入的第二自然条件，而企业间的互动与产业关联、知识的共享与技术外溢、专业化服务等会强化该地区的空间规模报酬效应（这里可表述为规模经济和范围经济，二者存在区别），由此循环累积，便会产生强者更强，弱者更弱的"马太效应"，区际的分化由此形成。

空间非均衡与极化理论。该理论与空间外部性理论相互支持，二者彼此相互交织在一起，难以分割开来。主要有"核心—外围"、增长极以及空间非均衡增长等理论。相比内生增长理论，空间经济学理论更能较好地阐释为何邻近地区经济发展水平差异明显，如一个成为"核心区"，而另外一个变为"外围区"。实际上，简单来说，由于多样化空间作用的存在会造成空间溢出的非均衡性，进而导致区际经济增长差异明显。

对于经济增长极的论述，最早出现于《经济空间：理论与应用》（Perroux，1950）。该观点认为经济增长先在具有创新性的部门或企业产生，而由此形成的主导部门与优势产业将催生经济增长核心，即增长极。这又可理解为三个层次：其一，空间报酬递增效应的存在，使得增长极能够吸引邻近地区资源等向自己靠拢与集聚，产生"极化效应"；其二，增长极通常处于经济与技术高级发展阶段，而要素的自由流动将使其对邻近地区具有支配作用，即"支配效应"；其三，经济水平达到一定阶段，增长极通过空间联动机制与循环累积效应，会向邻近地区输出要素等，产生"扩散效应"；同时，其对邻近地区的示范带动作用也会增强，即"乘数效应"。不过，由于无论是区域间的强强联合而形成的"极核"，还是由弱弱联合或强弱联合而形成的多样化空间交互作用均是形成空间经济非均衡增长的动因。除此之外，"点—轴"渐进式扩散理论（陆大道，1999）等亦可解释区域经济增长不均衡的空间根源。

2.2.2　低碳经济理论

低碳经济理论的提出促使了低碳农业的形成和发展，低碳农业属于低污染、低消耗的社会经济发展模式。由经济较为发达的西方国家提出低碳经济的定义。"低碳经济"概念最早源于英国发布的《能源白皮书（2003）》，其初衷在于通过以低碳技术创新等形式走更加清洁的能源之路，破除环境挑战并创建低碳经济体；本质在于以改善能源效率来实现减碳与结构转型，提高生产力，推动经济增长。但遗憾的是，英国并未对其发展理论做严格的定义，故促使众多学者也从各自的观点探讨了低碳经济内涵及本质（Kinzig & Kammen，1998；Gomi et al.，2010；Bridge et al.，2013；Geels，2014）。如付允等（2008）认为，低碳经济是以"低能耗""高效率""低排放""高效能""低污染""高效益"为根本特征，以碳中和技术为手段的绿色发展模式。刘思华（2010）认为，低碳经济是以"低能耗""低排放""低污染"为特征、以技术创新为核心、以最大限度减碳为目标、以生产与消费低碳化为方向的清洁、绿色与可持续发展方式。潘家华等（2010）认为低碳经济是社会发展与碳生产力（或碳生产率）达到一定程度而出现的一种经济形态，而这又包含两层含义，一是社会发展被施加了减排的"紧箍"，二是这一"紧箍"要保证或满足发展的诉求。庄贵阳等（2011）表达了类似的观点，即低碳经济具有"低碳排"

"高碳生产力""阶段性"三个核心特征。"低碳排"强调的首先是基于国家减排责任的碳排总量的绝对减少；其次，"高碳生产力"强调的是经济体产出的高效率；最后，"阶段性"实质上与"脱钩"一致，其传递的信息是对发达国家和发展中国家不同的要求，即发达国家要实现绝对脱钩（碳排绝对量减少），而发展中国家在发展经济的同时，其碳排放弹性的下降（付加锋等，2010；方大春和张敏新，2011；刘书英，2012）。但需要强调的是，低碳仅是实现人文社会发展的手段，并非最终目的。

中国环境与发展国际合作委员会为代表的官方机构，也对低碳经济的含义及其内涵进行了界定，表述为：较传统经济体系不同的新型经济、技术与社会体系，其能够节约生产和消费领域能源消耗与减少温室气体排放，并能够保持经济增长与推动社会发展（中国环境与发展国际合作委员会，2009）。由此不难发现，学者们对低碳经济的理解与表述可谓是"大同小异"，"同"表现在均囊括"减碳"与"发展"两层含义，均可表述为一种新的发展形态；"异"并非指各位学者观点的差异，而体现在对不同发展阶段国家要求有所不同等，即低碳经济并非一赋而就，而是具有"阶段性"特征。但始终要注意的一点，即低碳并非目的，而是获得可持续发展的手段，发展低碳经济实质上是为了避免给未来带来更大的经济损失（Treasury，2006）。

研究农业低碳经济发展，要从经济学角度运用"看不见的手"与"看得见的手"两个方面来解决农业经济发展与二氧化碳排放量的问题，从而实现农业的绿色发展（周晓雪，2020；张晨等，2013）。通过市场和行政手段两方面来推动低碳农业发展。首先，以市场机制来解决农业科学、技术和经济的综合问题。在自由市场背景下，以其成本激励机制激发市场上供需行为，从而有效运用市场机制分配资源。其次，由当地政府推出一系列农业政策，对运用农业减排的农户给予其农业补贴，对研究农业碳减排的技术人员给予其财政补贴，促进低碳农业生产、生活方式、技术的推广和应用（刘星辰和杨振山，2012；张小有等，2016）。低碳农业有效实施的前提背景是满足社会的基本需求，运用政府政策及管理、科学技术等方式实现资源有效利用，从而构建产前、中、后生产整个过程中温室气体排放最小化的农业生产系统（胡川等，2018）。低碳农业的实行是为了达到农业直接和间接排放温室气体排放最小化。低碳农业的实现是从经济学角度，使用某种途径改变以"高能耗、高物耗、高排放和高污染"为特征的"石油农业""机械农业""化学农业"等高碳农业形态，代之以"节能、降耗、减排、控制污染"为特征的生态农业、有机农业、循环农业等新型农业形态（赵其国和钱海燕，2009；王振华和张广胜，2013；陈文胜，2015）。

　　研究低碳农业离不开低碳经济理论的支撑。不同的学者对于低碳农业的内涵与特征表述可能存在差异，但本质上并无实质差别，大都强调"低碳排""（高）碳生产力""效益型"以及"阶段性"（或低碳化过程）等（翁伯琦，2010）。作为一种现代农业发展模式，现代低碳农业具有"低碳排""低碳化"与"低碳生产力"（这里是指高的碳生产力）等特征，其发展亦会经历"相对脱钩"到"绝对脱钩"的阶段性过程。相应地，低碳农业发展准则、实现途径、最终目标与本质剖释其内涵，依次可从协调创新、低碳化改造石油农业、实现农村综合发展和农业低碳转型以及现代化农业发展模式等方面得到答案（米松华，2013a；米松华，2013b）。简言之，其表达的是低碳现代农业是一种兼具多种目标和多个利益主体、能够促进农业低碳转型与农村可持续发展的现代农业发展模式，兼顾的利益为"社会效益—经济效益—生态效益"，最显著的特征即为"低碳高增长"，最直接的成果为"减碳增汇"（刘静暖等，2012）。

2.2.3　环境库兹涅茨曲线假说

环境库兹涅茨曲线（environmental kuznets curve，EKC）是指当一个国家经济发展水平较低的时候，环境污染的程度较轻，但是随着人均收入的增加，环境污染由低趋高，环境恶化程度随经济的增长而加剧；当经济发展达到一定水平后，也就是说，到达某个临界点或称"拐点"以后，随着人均收入的进一步增加，环境污染又由高趋低，其环境污染的程度逐渐减缓，环境质量逐渐得到改善。因此，其经常被用于检验污染物与经济增长的关系（Grossman & Krueger，1995），由此形成了"环境库兹涅茨曲线"假说。该假说认为污染物与经济增长水平通常存在倒"U"型曲线关系。即经济增长对环境压力的影响具有明显的阶段性，期初经济的快速增长会导致环境污染物规模不断扩大，但随着经济进一步增长，并达到一定阶段，污染物的排放又会有所减少。实际上，对于这一现象并不难理解。在工业化初期，发展是各国普遍寻求的真理，经济规模的扩张以及资源的大量消耗，污染物排放增多不可避免，这个无论是在最早工业化的英国，还是在现代工业化进程中的中国等发展中国家，此种现象都普遍存在。但随着人均收入不断增长并达到一定水平，技术的进步、产业结构的优化、公众对环境等公共品需求的增多、环保意识的增强以及国家对经济发展质量的重视等，均会推动环境污染物的降低与环境质量的改善。

实际上，对于库兹涅茨曲线是理论还是假说这一问题学界仍有争论。在 EKC 提出之后，诸多学者均就环境问题与经济发展等关系进行探讨，但并未完全得出倒"U"型非线性关系的结论，甚至部分学者发现二者可能存在"N"型或"U"型非线性关系，甚至同步发展等线性关系特征（Musolesi et al.，2010）。随着研究的进一步深入，部分学者还发现人均收入与碳排放之间还存在"钟形"的曲线关系（CKC），特别是在欧盟诸国（Mazzanti & Musolesi，2013）。

中国学者对此也做了大量的探索，从传统的 EKC 到扩展的 EKC（高宏霞等，2012；胡宗义等，2013），从传统计量模型到空间计量模型（吴玉鸣和田斌，2012），或证实了该假说，或发现并不存在该曲线特征，且这种关系会随着在不同空间有所不同，特别是当环保投入从不充足到充足时会存在 EKC。换言之，EKC 是动态变化地存在于经济的非稳态之中，其会随不同地区的发展阶段以及环境保护程度等存在较大的差异性，且这种差异性主要表现在东部与中西部等区域间（陈向阳，2015；孙英杰和林春，2018）。在农业领域，曾大林等（2013）发现在省域农业碳排放量不断增加的同时，其与农业经济增长具有倒"U"型非线性关系。因此，本书认为不同研究更大程度上是在检验 EKC 的存在性，而非进行理论的拓展、创新与发展，故本书将其以假说对待，而非理论。之所以放置此处，是为了更好理解碳生产率可能存在的"U"型曲线阶段性发展特征。

综上所述，基于 CKC 假定出发所得到的"碳生产率的'U'型曲线变动趋势"的结论并非完全确定的，正如前文所提到的部分学者的观点"EKC 动态变化存在于经济的非稳态之中"一样，碳生产率的"U"型的曲线变动趋势也是在碳排放与经济增长动态变化之中所形成，其传达的是碳生产率具有明显的阶段性特征，亦可理解为结构性门槛特征。即在 EKC 的假定下，随着碳排放空间稀缺程度的提高，碳生产率会表现出"先降后升"的"U"型变动趋势。但如若碳排放与经济增长之间存在并非倒"U"型关系，那么碳生产率也会发生变化。因此，从时间上看，本书假定碳生产率具有"U"型的阶段性变化特征。

第 3 章
中国粮食主产区农业发展概况

我国农业发展取得了举世公认的成就，但粮食供给"紧平衡"的现状没有改变。要实现农业的可持续发展，还必须做到科学合理使用化肥、农药和耕地，增强农业的科技含量，形成资源节约、环境友好、产业高效、农民增收的现代农业发展新格局。本章主要对我国粮食主产区的范围进行界定，进而对我国粮食主产区的农业投入产出进行数据统计，为第 4 章农业碳排放和第 5 章农业碳生产率的测算奠定基础。

3.1 中国粮食主产区范围界定

我国是农业大国，粮食主产区在我国农业生产中具有举足轻重的地位。新中国成立以来，党中央、国务院始终把粮食安全作为一项巨大的工程来对待，因为粮食的安全不仅关乎一个国家的国民经济，甚至关乎一个国家社会的稳定。所以，一直以来我国的中央一号文件都是事关农业农村工作，体现出了粮食安全在一个国家战略上、经济上、政治上的重要地位。我国政府根据粮食工作的战略部署，由此设定了粮食主产区这一关乎民生的重要性区域结构。进入 21 世纪以来，我国根据全国的各省份的农业生产特点在《国家粮食安全中长期规划纲要（2008－2020 年）》中选择河北、内蒙古、辽宁、吉林、黑龙江、江苏、安徽、江西、山东、河南、湖北、湖南、四川 13 个省区作为我国粮食生产的主产区。这些省份都有着良好的生产条件、粮食产量高、具有较为突出的生产优势、适合大规模生产的地方，并且在满足本区域粮食供给的前提下，能够往其他地区输送商品粮。

新中国成立以来，随着气候、环境、生产条件等因素的影响，我国的粮食主产区的格局也发生了较大的改变。从生产格局上来看，我国粮食主产区域由南方再向北方不断转移，由东部、西部再逐渐向中部推进。其中，东南沿海区域的粮食产量发生了较大的萎缩情况，而在我国的东北地区和黄淮海地区逐渐形成了新的粮食集中生产中心。从流通格局上来看，我国粮食流向流量伴随着运输条件以及政策变化等因素，发生着由南粮北运向北粮南运的转变。我国粮食主产区在演变和发展中越来越呈现出边界缩小的趋势特点。

根据国家粮食局统计数据显示：2016 年粮食主产区生产的谷物占到了全国谷物总产量的 77.60%，其中稻谷、小麦和玉米分别占比 74.09%、83.83% 和 77.97%，而豆类、花生、油菜籽等油料作物所占全国的比重也分别高达 73.68%、84.42% 和 75.92%。与此同时，粮食主产区的畜牧业发展水平也不容小觑，其中牛、山羊的年末存栏量占到了全国的 56.59% 和 66.47%，生猪、家禽的年际出栏量占到了全国的 68.59% 和 70.36%。[①] 由此可见，粮食主产区的种植业和畜牧业在全国均

---

① 依据 2017 年《中国农村统计年鉴》提供的数据整理得到。

占据着相对重要的地位，对其碳生产率问题展开深入探讨无疑具有较强的理论与现实意义。

3.2　我国粮食主产区农业投入情况

本章用以测算我国粮食主产区农业投入所用到的原始数据均来自中华人民共和国国家统计局国家数据库；《中国农业统计资料汇编》《中国农村统计年鉴》《中国农业年鉴》《中国畜牧业年鉴》《中国农业统计资料》《中国畜牧兽医年鉴》《新中国 60 年统计资料汇编》。其中，化肥、农药、农膜、柴油、农业灌溉面积、各种农作物播种面积、水稻种植面积均使用原始数据，而畜牧养殖业中的牛、马、驴、骡、骆驼、猪、羊以及家禽等牲畜的饲养数量均根据各年年末存栏量予以调整。

3.2.1　农业化肥的使用情况

化肥是用化学方法制成的含有一种或几种农作物生长需要的营养元素的肥料，是化学肥料的简称。土壤中的常量营养元素氮、磷、钾通常不能满足作物生长的需求，需要施用含氮、磷、钾的化肥来补足。20 世纪 50 年代以来，施用化肥得到了大规模应用。施肥不仅能提高土壤肥力，而且也是提高作物单位面积产量的重要措施。化肥是农业生产最基础而且是最重要的物质投入。据联合国粮农组织（FAO）统计，化肥在对农作物增产的总份额中约占 40% ~ 60%。中国能以占世界 7% 的耕地养活了占世界 22% 的人口，可以说化肥起到举足轻重的作用。然而农业的救星同时也是环境的杀手。合成氨是化肥主要原料，但工业合成氨大约消耗了全球 2%

的能源，产生了全球大约1%的二氧化碳排放①。目前国家正大力提倡科学合理的使用化肥，推广和普及测土配方施肥，根据土壤养分的缺失补充土壤所需的养分，尽量降低化肥对环境的损害。

1995～2015年我国粮食主产区化肥施用量总体处于上升的趋势（见图3－1），由1995年的2530.91万吨增长到2015年的4015.57万吨，在2016年之后化肥的施用量逐年下降，2019年下降为3619.51万吨。近25年间，2015年达到峰值，25年来总体增长率为43.01%。

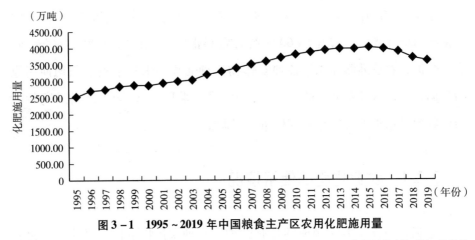

图 3－1　1995～2019 年中国粮食主产区农用化肥施用量

资料来源：作者依据1995～2019年《中国农村统计年鉴》《新中国60年统计资料汇编》等提供的数据整理得到。

3.2.2　农药的使用情况

农药指农业上用于防治病虫害及调节植物生长的化学药剂。农药的合理使用，可以有效地控制病虫害，消灭杂草，提高作物的产量和质量。但是农药的施用会对周围生物群落产生不同程度的影响，严重时可破坏生态

———————————

① 《制造化肥保护环境？新方法减少碳排放》，搜狐网，2019年11月9日。

平衡。施用农药，在防治靶标生物的同时，往往也会误杀大量天敌。近些年，我国正从源头上杜绝使用剧毒高毒农药，大力推广高效低毒低残留的农药的使用，同时尽量使用生物防治技术。在使用农药的时候注意科学用药，抓住关键时期，对症下药减少农药的使用次数和频率。

1995～2019年我国粮食主产区农药使用量整体上经历了先增加后减少的态势（见图3-2），由1995年的76.49万吨增加到2012年的121.94万吨，增加了45.45万吨，增加幅度达到59.42%。从2012年开始有下降趋势，到2019年下降到94.34万吨，下降了27.60万吨。

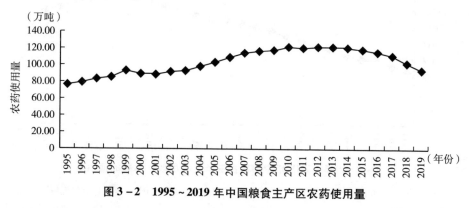

图 3-2 1995～2019 年中国粮食主产区农药使用量

资料来源：作者依据1995～2019年《中国农村统计年鉴》《新中国60年统计资料汇编》等提供的数据整理得到。

3.2.3 农膜的使用情况

农膜，又称薄膜塑料，包括地膜（也叫农用地膜），主要成分是聚乙烯。主要用于覆盖农田，起到提高地温、保质土壤湿度、促进种子发芽和幼苗快速增长、抑制杂草生长的作用。然而，使用农膜带来的好处是以损害环境为代价取得的。由于聚乙烯等塑料原料是人工合成的高分子化合物，分子结构非常稳定，很难被自然界的光和热降解，也不能被细菌和酶进行生物降解，因此农膜散落在农地里会造成永久性污染。地膜污染防治成为农业面源污染治理的重要内容，我国各地区正采取措施推进地膜污染长效治理，探索地膜减量代替，促进废旧地膜回收再利用，促进农业绿色发展。

1995～2019 年中国粮食主产区农膜的使用量大体呈先上升再下降的趋势（见图 3－3），1995 年为 64.33 万吨，在 2014 年达到峰值 153.60 万吨，后又持续降低，在 2019 年达到 138.44 万吨，总体增长了 74.11 万吨，增长率为 115.21%。

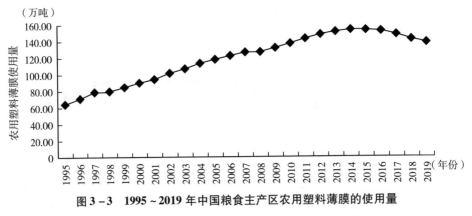

图 3－3　1995～2019 年中国粮食主产区农用塑料薄膜的使用量

资料来源：作者依据 1995～2019 年《中国农村统计年鉴》《新中国 60 年统计资料汇编》等提供的数据整理得到。

3.2.4　农用柴油的使用情况

农用柴油主要指用于拖拉机和排灌柴油机所使用的柴油。1995～2019年我国粮食主产区农用柴油的使用量呈波动上升态势（见图 3－4），由1995 年的 641.1 万吨增长到 2007 年的 1333 万吨，在 2008 年有所下降（1193.2 万吨），随后在 2009 年开始缓慢上升，在 2015 年达到 1307.5 万吨，随后呈下降态势，但 25 年总体增长率为 78.94%。

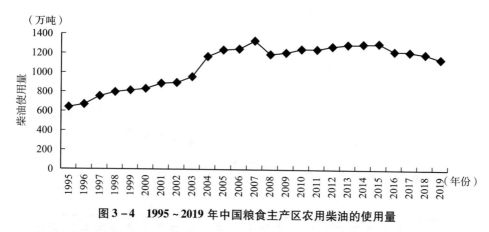

图 3 - 4　1995 ~ 2019 年中国粮食主产区农用柴油的使用量

资料来源：作者依据 1995 ~ 2019 年《中国农村统计年鉴》《新中国 60 年统计资料汇编》等提供的数据整理得到。

3.2.5　土地翻耕情况

土地翻耕是使用犁等农具将土垡铲起、松碎并翻转的一种土壤耕作方法。通称耕地、耕田或犁地。在世界农业中的应用历史悠久，应用范围广泛。中国约在 2000 多年前就已开始使用带犁壁的犁翻耕土地。翻耕可以将一定深度的紧实土层变为疏松细碎的耕层，从而增加土壤孔隙度，以利于接纳和贮存雨水，促进土壤中潜在养分转化为有效养分和促使作物根系的伸展；可以将地表的作物残茬、杂草、肥料翻入土中，清洁耕层表面，从而提高整地和播种质量；另外，将杂草种子、地下根茎、病菌孢子、害虫卵块等埋入深土层，抑制其生长繁育，也是翻耕的独特作用。但是，土壤中的空气处于一个不是很充足的状态，因此土壤中的好氧微生物也处于不是很活跃的状态中。翻耕后，增大了土壤颗粒与空气接触面积，微生物的活动会受到促进，因而会加快土壤中有机物质的分解，促进二氧化碳排放。

1995 ~ 2019 年中国粮食主产区土地翻耕量总体呈波动上升趋势（见图 3 - 5），1995 年为 103411.2 千公顷，到 2019 年增长为 115146.6 千公顷，增长率为 11.35%。

图 3-5　1995~2019 年中国粮食主产区土地翻耕情况

资料来源：作者依据 1995~2019 年《中国农村统计年鉴》《新中国 60 年统计资料汇编》等提供的数据整理得到。

3.2.6　农业灌溉情况

农业灌溉是在干旱时以大水灌溉的方式保证农业生产的模式，泛指以水浇田的农业。其特点是通过灌溉措施，满足植物对水分的需要，调节土地的温度和土壤的养分，以提高土地生产率。主要通过各种农用水利灌溉设施，满足农作物对水分的需要，调节土地温度、湿度和土壤空气、养分，提高土地生产能力，是一种稳产高产的农业生产方式。据中国、英国两国科学家团队共同完成的一项报告显示，中国的农业灌溉系统正在加快开采地下水，并且越挖越深，每年排放出 3300 万吨二氧化碳，相当于新西兰全国的碳排放量，中国用于农业作物灌溉的地下水消耗量从 1950 年的 100 亿立方米增长到 1000 亿立方米[①]。目前中国仅次于印度，是世界上第二大地下水开采国，抽取地下水非常消耗能源，每年占中国碳排放量的

---

①《英媒：中国农业灌溉加速碳排放》，观察者网，2012 年 3 月 16 日。

0.5%。因此，在现阶段应发展节水灌溉农业。

　　1995~2019 年我国粮食主产区农业灌溉面积呈缓慢上升趋势（见图 3-6），由 1995 年的 33501.40 千公顷增长到 2019 年的 48209.40 千公顷，25 年增长了 14708.00 千公顷，增长率为 43.90%。

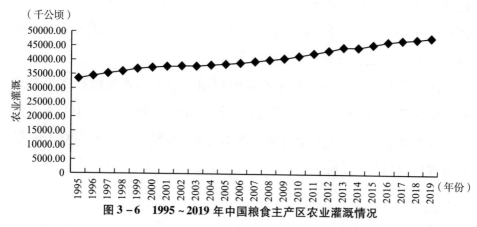

图 3-6　1995~2019 年中国粮食主产区农业灌溉情况

资料来源：作者依据 1995~2019 年《中国农村统计年鉴》《新中国 60 年统计资料汇编》等提供的数据整理得到。

3.2.7　水稻播种情况

　　我国水稻种植分布区域以南方为主，水稻生产越来越向优势区域集中。近年来，我国水稻生产逐步向长江中下游和黑龙江水稻产区集中。目前南方稻区约占我国水稻播种面积的 94%，其中长江流域水稻面积已占全国的 65.7%，北方稻面积约占全国的 6%[①]。水稻播种面积和产量较大的省份有湖南、江西、广西、广东、四川、安徽、江苏、湖北、浙江、福建、云南等 12 个省区，其播种面积和产量占全国的 85% 左右。根据水稻播种期、生长期和成熟期的不同，可分为早稻、中稻和晚稻三类。一般早

---

　　① 资料来源于中商产业研究院数据库。

稻的生长期为 90～120 天，中稻为 120～150 天，晚稻为 150～170 天。由于各个地区气候条件的不同，它们的播种期和收获季节有很大的差异。早稻生产共有 13 个省区，全部分布在南方，其中湖南、广西、江西、广东 4 省区播种面积占全国的 75% 以上；中稻及一季稻生产分布在除广东、海南和青海以外的全国各地，其中四川、江苏、黑龙江、安徽、湖北、云南、湖南、重庆 8 省（市）播种面积占全国的 70% 以上；晚稻生产分布在南方 15 个省区，与早稻分布相近①。

1995～2019 年我国粮食主产区中稻和一季晚稻种植面积逐年上升（见图 3-7），由 1995 年的 9723.7 千公顷增长到 2019 年的 16974 千公顷，25 年增长了 7250.3 千公顷，增长率为 74.56%。早稻和双季晚稻的播种面积均有所下降。

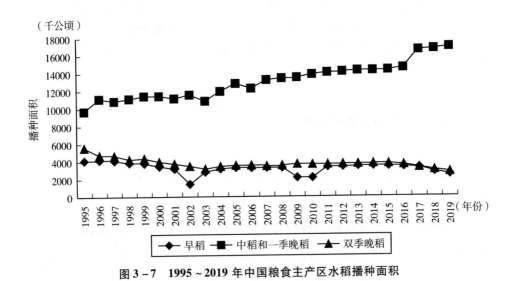

图 3-7　1995～2019 年中国粮食主产区水稻播种面积

资料来源：作者依据 1995～2019 年《中国农村统计年鉴》《新中国 60 年统计资料汇编》等提供的数据整理得到。

---

① 作者依据 1995-2019 年《中国农村统计年鉴》《新中国 60 年统计资料汇编》等提供的数据整理得到。

3.3 我国粮食主产区农业总产出情况

自社会主义市场经济体制改革以来，中国农业取得了巨大成就。图 3-8 给出了 1995~2019 年中国粮食主产区农业产出值情况。1995 年，中国粮食主产区农业总产值为 7972.39 亿元，2019 年达到 40268.1 亿元，增长了 32295.71 亿元，增长率为 405.09%。

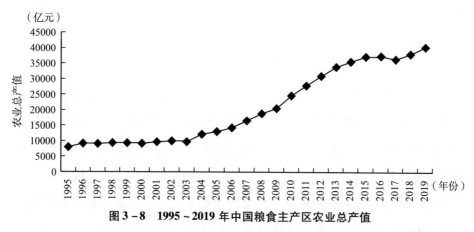

图 3-8　1995~2019 年中国粮食主产区农业总产值

资料来源：作者依据 1995~2019 年《中国农村统计年鉴》《新中国 60 年统计资料汇编》等提供的数据整理得到。

第4章

中国粮食主产区农业碳排放测度

为了测算中国农业碳生产率，首先要获取农业碳排放量的数据，但目前来看，政府以及相关统计机构均未提供农业碳排放量的系统核算数据（吴义根，2018）。因此，本章以现有文献的研究成果为基础（胡向东，2010；田云等，2021；陈苏等，2016；吴贤荣等，2017），对粮食主产区农业碳排放量进行了全面核算，并分析当前粮食主产区农业碳排放的时空特征，为测算粮食主产区农业碳生产率提供可靠的数据支持。

4.1 粮食主产区农业碳排放核算体系构建

4.1.1 农业碳排放核算体系

农业是重要的民生产业，同时也是碳的重要来源（何可，2021；贺青，2021）。农业发展的现代化表现为农业的机械化、产业化和信息化，在提升农业现代化的过程中，无论是种植业还是畜牧业都会消耗大量物资和能源，不可避免地直接和间接产生碳排放。为了准确核算粮食主产区农业碳生产率，必须科学地编制农业碳排放测算的指标体系，为后续的农业碳生产率测算提供可靠数据。

本书编制的农业碳排放测算体系主要考虑了农业生产、生活过程中所产生的碳排放。基于已有文献，采取"抓大放小"的策略，比如旱地的 CH_4 排放量，在计算过程中主要计算了水稻的 CH_4 排放量，而忽略了旱地的 CH_4 排放量。结合数据的可得性，具体的碳源包括三个方面：一是农地利用所导致的碳排放量；二是水稻生长过程中所产生的 CH_4 等温室气体排放量；三是畜禽养殖过程中的肠道发酵和粪便管理所产生的 CH_4 和 N_2O 排放量。根据 IPCC2006 年国家碳排放清单指南，本书的农业碳排放计算依据如下：

$$E = \sum E_i = \sum Q_i \times \alpha_i \qquad (4-1)$$

其中，E 为农业碳排放量；E_i 为第 i 类碳源的碳排放总量，Q_i 代表农业生产过程中各类碳源的数量（如农业化肥施用量、农药使用量、农用地膜使用量、农用机械柴油等），α_i 为第 i 类碳源对应的碳排放系数。在此基础上，根据碳排放源的特征，从三个方面来确定碳源因子以及相对应的排放系数。

第一，农地利用碳排放。根据已有文献的研究，并咨询领域内的专家，认为农用物资碳排放来自两个方面：一是农用物资投入（化肥、农药、农膜等）直接或间接地产生碳排放；二是农业生产活动消耗能源所产生的碳排放，如农业机械耗费的柴油以及农业灌溉耗费的电力等。

本书在计算农业物质投入碳排放时，选取的是化肥、农药、农膜、农用柴油当年的实际使用量,灌溉以当年实际的灌溉面积,翻耕以当年的农作物实际播种面积,在计算时根据这些实际使用量(或使用面积)乘以相应的碳排放系数。农地利用过程中的主要碳源及其对应的碳排放系数如表4-1所示。

表4-1　　　　　　农地利用过程中的主要碳源及其对应的碳排放系数

碳排放源	系数	参考来源
化肥	$0.8956 \ kgC \cdot kg^{-1}$	美国橡树岭国家实验室(2009)
农药	$4.9341 \ kgC \cdot kg^{-1}$	美国橡树岭国家实验室(2004)
农膜	$5.18 \ kgC \cdot kg^{-1}$	IREEA[①]
柴油	$0.5927 \ kgC \cdot kg^{-1}$	IPCC[②]
翻耕[③]	$312.6 \ kgC \cdot hm^{-2}$	中国农业大学生物与技术学院
灌溉	$266.48 \ kgC \cdot hm^{-2}$	段华平等(2011)

注:①IREEA 表示南京农业大学中专门对农业资源和生态环境进行研究的研究院;②IPCC 表示我国政府间专门对气候的变化进行研究的委员会;③农业翻耕指在农业生产活动中对土地进行翻耕时从土壤中排放出有机碳的数量。

第二,水稻种植碳排放(CH_4)。水稻生长周期内的温室气体 CH_4 排放是一种主要的碳源,中国地域辽阔,不同地区的气候、温度存在较大差异,也导致各个地区的 CH_4 排放量也不一样。旱地生态系统中,厌氧呼吸相对较弱,导致 CH_4 产生的细菌不活跃,而且旱地土壤本身就可以吸收 CH_4(唐红侠等,2009),因此旱地作物的 CH_4 排放量在核算中予以忽略。粮食主产区各省水稻种植的碳排放因子如表4-2所示。

表 4 - 2　　　　　粮食主产区各省水稻生长周期内的 CH₄ 排放系数　单位：克/平方米

地区	早稻	中季稻	晚稻	地区	早稻	中季稻	晚稻
河北	0	15.33	0	江西	15.47	65.42	45.8
内蒙古	0	8.93	0	山东	0	21	0
辽宁	0	9.24	0	河南	0	17.85	0
吉林	0	5.57	0	湖北	17.51	58.17	39
黑龙江	0	8.31	0	湖南	14.71	56.28	34.1
江苏	16.07	53.55	27.6	四川	6.55	25.73	18.5
安徽	16.75	51.24	27.6				

资料来源：参考了吴昊明等（2017），王明星等（1998），阎继胜等（2012）和田云等（2015）的系数，并进行了适当整理。

第三，畜牧业碳排放。主要考察畜禽饲养过程中由于其肠道发酵和粪便管理所引发的 CH₄ 和氧化亚氮（N₂O）排放，具体涉及牛、马、驴、骆驼、猪、山羊、绵羊、家禽等畜禽品种，相关排放系数均出自 IPCC（见表 4 - 3）。

表 4 - 3　　　　　　　反刍动物养殖碳排放系数　　　　单位：公斤（碳）/（头×年）

反刍动物	肠道发酵	粪便管理	
	CH₄	CH₄	N₂O
牛	370.55	47.74	101.04
马	122.76	11.18	112.97
驴	68.21	6.14	112.96
骡	68.21	6.14	112.96
猪	6.82	27.28	112.96
山羊	34.11	1.16	26.82
绵羊	34.11	1.02	26.82
家禽	0	1.63	1.63

注：表中系数为 CH₄ 与 N₂O 置换成标准 C 后的系数，1 吨 CH₄ 引发的温室效应等同于 6.82 吨 C（25 吨 CO₂）的作用，1 吨 N₂O 引发的温室效应等同于 81.27 吨 C（298 吨 CO₂）的作用。

在计算畜禽养殖数量时，需要对年均饲养量进行适当的调整，主要参考胡向东等（2010）的算法，调整的方法依据畜禽出栏率。出栏率大于或等于 1 的畜禽品种为生猪，其平均生命周期为 200 天、105 天和 55 天。出栏率大于或等于 1 的畜禽平均饲养量根据出栏量进行调整，具体计算方法如下：

$$q_i = Days\_alive_i \times \frac{M_i}{365} \qquad (4-2)$$

其中，q_i 为 i 种畜禽年平均饲养量，$Days\_alive_i$ 为 i 种畜禽平均寿命周期，M_i 为 i 种畜禽每年的出栏量。当出栏率小于 1 时（牛、马、驴、骡、山羊、绵羊），依据年末的存栏量进行调整，具体调整依据如下：

$$q_i = \frac{C_{i,t} + C_{i,t-1}}{2} \qquad (4-3)$$

其中，$C_{i,t}$ 和 $C_{i,t-1}$ 分别代表 i 种畜禽第 t 年和第 t−1 年年末存栏量。各个畜禽品种的碳排放系数见表 4−3，与国外同类型研究相比，本书的系数均来自 IPCC，排放系数也更为准确。N_2O 排放系数参考了胡向东等（2010）研究，依据 FAO 公布的中国畜禽粪便 N_2O 排放量，依据 IPCC 提供的公式计算得到。

4.1.2　数据来源与处理

本章将测算农业碳排放量研究区域定为中国有 13 个粮食主产省区，时间跨度定为 2000~2018 年。测算农业碳排放所用到的原始数据均来自：中华人民共和国国家统计局国家数据库；《中国农业统计资料汇编》《中国农村统计年鉴》《中国农业年鉴》《中国畜牧业年鉴》《中国农业统计资料》《中国畜牧兽医年鉴》《新中国 60 年统计资料汇编》。其中，化肥、农药、农膜、柴油、农业灌溉面积、各种农作物播种面积、水稻种植面积均使用原始数据，而畜牧养殖业中的牛、马、驴、骡、骆驼、猪、羊以及家禽等牲畜的饲养数量均根据各年年末存栏量予以调整。

4.2 粮食主产区农业碳排放时空特征分析

4.2.1 粮食主产区农业碳排放时序特征分析

4.2.1.1 粮食主产区农业碳排放总量时序演变趋势

基于编制的农业碳排放测算体系与上述计算公式，计算出 1995 ~ 2019 年我国粮食主产区农业碳排放量（见图 4 - 1）。

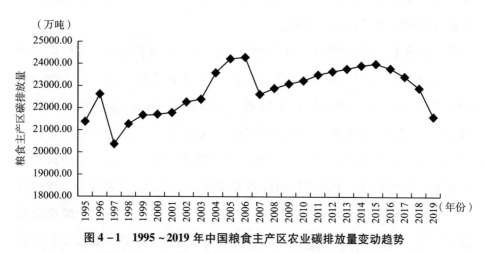

图 4 - 1 1995 ~ 2019 年中国粮食主产区农业碳排放量变动趋势

资料来源：作者依据 1995 ~ 2019 年《中国农村统计年鉴》《新中国 60 年统计资料汇编》等提供的数据整理得到。

图 4-1 描述了 1995~2019 年我国粮食主产区农业碳排放量的变动情况。整体来看，我国粮食主产区农业碳排放呈现明显的波动增长趋势，即由 1995 年的 21386.32 万吨，经过三次波动周期，增至 2019 年的 21614.79 万吨。具体来看，第一个波动周期（1995~1997 年）、第二个波动周期（1997~2007 年）、第三个波动周期为（2007~2019 年）。第一个波动周期（1995~1997 年），粮食主产区农业碳排放总量呈现倒 V 字型，从 21386.32 万吨快速增至 22625.60 万吨，1997 年又迅速下降至 20366.27 万吨。第二个波动周期（1997~2007 年），这个阶段粮食主产区农业碳排放量整体呈现增长态势，由 1997 年的 20366.27 万吨增加到 2007 年的 22627.37 万吨，11 年内增加了 1557.58 万吨，增长幅度高达 11.10%，并且这个阶段，农业碳排放量在 2006 年达到最大值为 24294.13 万吨，对比 1997 年，增加了 19.29%。第三个波动周期为（2007~2019 年），从 2007 年的 22627.37 万吨增加至 2015 年的 24004.46 万吨，达到最高点后，又缓慢下降至 2019 年的 21614.79 万吨，总体来说，该阶段内农业碳排放量整体呈现减少态势。

综合来看，在 1995~2015 年粮食主产区农业碳排放总量整体呈现明显的波动上升特征，在 2015 年之后，有缓慢下降的趋势，而 1996 年、2006 年和 2015 年分别为样本考察期三个波动周期内碳排放量最高的年份。1995~2015 年粮食主产区农业碳排放量不断上升，主要原因是农业物质投入和牲畜养殖碳排放量不断增加；2006~2007 年粮食主产区农业碳排放量有所下降，主要原因是牲畜养殖的存栏量和出栏量减少，造成牲畜养殖的碳排放量大幅减少；2008~2015 年粮食主产区的农业碳排放量重新步入上升通道，伴随着牲畜养殖的恢复、农业物质投入和水稻种植碳排放量的增加，使粮食主产区的农业碳排放总量进一步增加；2016 年以后，牲畜养殖和农业物质投入的减少导致农业碳排放量略有减少。就当前农业碳排放变化趋势来看，随着国家倡导低碳农业和生态环境保护，预计粮食主产区农业碳排放有下降趋势。

无论是对比国家发展和改革委员会应对气候变化司所测算的数据，还是田云（2015）、程琳琳（2018）及其他学者研究农业碳排放的数据，可以发现的一个基本事实是，本研究所测算的农业碳排放阶段性特征及其变动趋势与其他学者的研究成果基本一致，差别相对较小，这也从侧面反映出本研究所采用的农业碳排放核算清单具有较强的科学性与客观性。

4.2.1.2 粮食主产区农业碳排放结构时序演变趋势

本书测算的碳排放包括农地碳排放、水稻碳排放和畜牧养殖碳排放。图4-2和图4-3分别描述了三种类型排放的变动趋势及其比例构成。

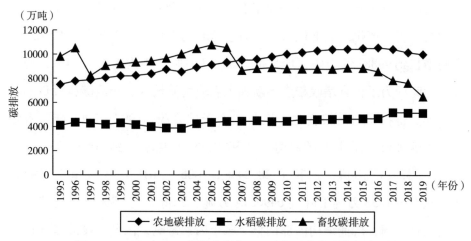

图4-2 1995～2019年粮食主产区三种类型碳排放量变动趋势

资料来源：作者依据1995～2019年《中国农村统计年鉴》《新中国60年统计资料汇编》等提供的数据整理得到。

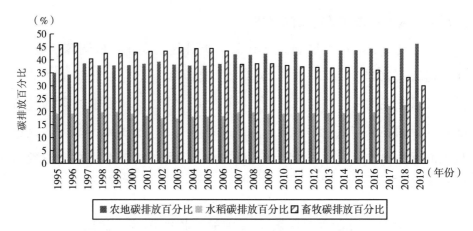

图 4 - 3　1995 ~ 2019 年粮食主产区三种类型碳排放的比例构成

资料来源：作者依据 1995 ~ 2019 年《中国农村统计年鉴》《新中国 60 年统计资料汇编》等提供的数据整理得到。

由图 4 - 2 和图 4 - 3 可知，2006 年之前，畜牧碳排放是农业碳排放量的最大源头；2006 年之后，农地碳排放占据比例最大。从 1995 ~ 2019 年，农业物质投入产生的农业碳排放一直呈上升的态势，从 1995 年的 7482.67 万吨增长到 9988.35 万吨，增长了 2505.67 万吨，年均递增 1.34%，说明在这一时期为了粮食增收粮农不断加大农业物质投入，导致碳排放量的逐年增加。畜牧养殖是粮食主产区第二大碳排放源。1997 ~ 2006 年，畜牧养殖的碳排放量呈上升的趋势，从 9796.09 万吨增长到 10541.33 万吨，增长了 2321.17 万吨，增长了 28.24%；2006 ~ 2019 年大致呈下降的趋势，从 10541.33 万吨下降到 6490.15 万吨，降低了约 38%。畜牧养殖容易受动物疫病、产业结构内部调整等多个因素影响，因此碳排放量起伏波动较大，规律特征不太明显，但总体呈下降态势。

水稻种植产生的农业碳排放量最少，1995 ~ 2019 年，大致呈波动增长的态势，年均增长率约为 1%。水稻产生的碳排放量较少的主要原因是水稻对环境的要求较高，水稻的主产区主要在南方，种植面积的有限性导致水稻产生的碳排放量有限且差异不是很大。

4.2.2　粮食主产区农业碳排放空间特征分析

通过对粮食主产区农业各个省份农业碳排放量的计算，对粮食主产区农业碳排放空间变化特征进行分析，从而了解粮食主产区不同省份农业碳排放的特征，为粮食主产区的碳减排提供参考。

4.2.2.1　粮食主产区农业碳排放总量省域差异分析

本部分将从农业碳排放量、农业碳排放结构等角度对粮食主产区农业碳排放空间变化特征进行分析。

图 4-4 给出了 25 年来（1995~2019 年）中国粮食主产区农业碳排放总量对比图。粮食主产区农业碳排放总量位居前 6 位的分别为河南、四川、湖南、山东、湖北和江苏，分别为 64878.26 万吨、60527.86 万吨、58417.12 万吨、53448.40 万吨、48071.39 万吨和 47747.14 万吨；吉林和辽宁农业碳排放相对较少，分别为 21378.41 万吨和 20778.43 万吨。

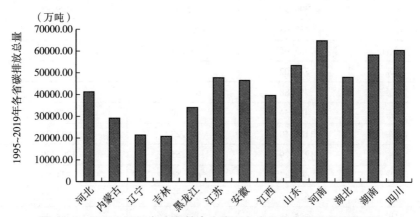

图 4-4　1995~2019 年中国粮食主产区各省份农业碳排放总量对比

资料来源：作者依据 1995~2019 年《中国农村统计年鉴》《新中国 60 年统计资料汇编》等提供的数据整理得到。

个别省份虽然有波动，但总体来看，以内蒙古、黑龙江、江西、吉林、湖南、湖北、河南、四川、辽宁等为代表的粮食主产区农业碳排放总量处于上升态势，且以内蒙古增幅最大。山东、江苏、河北、安徽农业碳排放呈下降趋势，山东减幅最明显。可以得出，粮食主产区各省还是以高耗能的发展模式为主，农业产量的增加主要依靠农业物质投入，仍着重发展种植业和畜牧业，产业结构模式较为单一，从而导致农业碳排放总量居高不下。

4.2.2.2 粮食主产区农业碳排放结构省域差异分析

由于不同省份农业产业结构差异较大，这使得它们的农业碳排放结构各不相同。表4－4和图4－5给出了25年来（1995～2019年）中国粮食主产区各省份三种农业碳排放均量和结构情况。

表4－4　　　　1995～2019年中国粮食主产区农业碳排放平均量　　　　单位：万吨

地区	农地碳排放	水稻碳排放	畜牧碳排放
河北	908.70	10.41	729.79
内蒙古	478.65	6.01	680.91
辽宁	390.52	35.34	429.28
吉林	417.08	24.62	389.43
黑龙江	733.05	131.17	498.09
江苏	775.02	804.84	330.02
安徽	755.88	657.35	449.49
江西	410.59	772.90	403.91
山东	1185.50	19.23	933.21
河南	1229.29	68.55	1297.29
湖北	698.47	679.54	544.85
湖南	624.16	872.29	840.24
四川	685.45	369.93	1365.73

资料来源：作者依据1995～2019年《中国农村统计年鉴》《新中国60年统计资料汇编》等提供的数据整理得到。

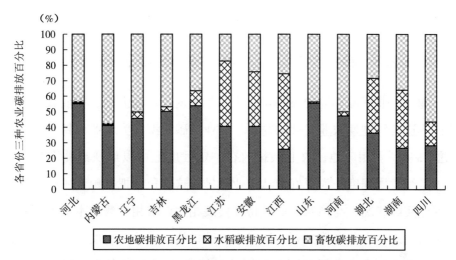

图 4 - 5　1995～2019 年中国粮食主产区各省份三种农业碳排放结构

资料来源：作者依据 1995～2019 年《中国农村统计年鉴》《新中国 60 年统计资料汇编》等提供的数据整理得到。

依据粮食主产区不同省份农业碳排放的结构，可将 13 个粮食主产区的农业碳排放分为如下三种类型：

（1）稻田主导型，即稻田碳排放量占比较高，而其他类型碳排放占比较小的省区，主要包括江西、湖南、湖北和江苏 4 省。这些省份雨量丰沛、热量充足、土壤肥沃，水稻在其农业产业结构中占据重要地位，且由水稻引致的碳排放量占到其总量的 25% 以上。

（2）农地主导型，即农用物资投入（化肥、农药、农膜等）直接或间接地产生碳排放和农业生产活动消耗能源所产生的碳排放比较高，主要包括山东、河北、黑龙江、河南、吉林和安徽。

（3）畜牧养殖主导型，即畜牧养殖所产生的农业碳排放在农业碳排放中占比最高的省区，包括内蒙古、四川和辽宁，这些地区畜牧养殖所引发的碳排放比例均在 40% 以上。这不仅与其产业结构有关，还与地理因素有关。如四川因为自然条件原因，畜牧的比例很高，是全国最大的生猪养殖省份。

4.4.2.3 粮食主产区农业碳排放总量区域差异分析

随着农业资源环境约束趋紧、生态系统退化，高强度、粗放式生产方式已不适合转型期农业发展的需要，农业低碳转型成为农业可持续发展的"题中之义"。相应地，农业碳排放在一定程度上可以反映出特定地区农业可持续发展程度。为更好地从农业碳排放这一角度把握粮食主产区各地区农业实际状况，与国家农业可持续发展相关要求相一致，本书暂不按照传统三大或四大分区等区划方法对农业碳排放或碳生产率展开分析，而是采用符合中国农业发展需要与梯次分类原则的《全国农业可持续发展规划（2015－2030年）》对粮食主产区农业碳排放及碳生产率实际状况展开区际分析。按照《全国农业可持续发展规划（2015－2030年）》中所划分的区域，中国粮食主产区主要位于东北区（黑龙江、吉林、辽宁）、黄淮海区（河北、山东、河南）、长江中下游区（江西、江苏、安徽、湖南、湖北）、西南区（四川）和西北及长城沿线区（内蒙古）五大农区。据此，本书将粮食主产区分为五大分区和两大可持续发展区（优先发展区和适度发展区）（见表4－5）。

表4－5　　　　　　　中国粮食主产区可持续发展区域布局

区域类型	具体地区	地区
优先发展区	东北区	黑龙江、吉林、辽宁
	黄淮海区	山东、河北、河南
	长江中下游区	江苏、江西、湖南、湖北、安徽
适度发展区	西南区	四川
	西北及长城沿线区	内蒙古

注：由于省区部分区域属于不同分区，按照其大部分区域所属分区结合传统分区进行处理。

资料来源：作者依据1995～2019年《中国农村统计年鉴》《新中国60年统计资料汇编》等提供的数据整理得到。

表 4 - 6 给出了 1995～2019 年优先发展区和适度发展区农业碳排放量及年增长率。由表 4 - 6 可知，1995～2019 年优先发展区农业碳排放总量总体呈现先增加后减少的趋势，而适度发展区略有小幅下降；同时，优先发展区的农业碳排放量明显高于适度发展区。

具体来看，按照优先发展区农业碳排放的变动轨迹来看，其可划分为三个阶段：跳跃增长期（1995～2007 年）、平稳增长期（2007～2015 年）和持续下降期（2015～2019 年）。第一阶段，跳跃增长期（1995～2007 年）。由 1995 年的 17519.44 万吨增至 1996 的 17827.02 万吨后，1997 年迅速下降至 17441.36 万吨，经过两年连续增长，到 1999 年又增加到 18397.52 万吨，接着 2000 年又下降到 17714.39 万吨，又经过 5 年的连续增长，到 2005 年增加到 20421.87 万吨，达到历史最高点后，后又下降至 2007 年的 18927.00 万吨。总体来说，1995～2007 年，增长率为 8.03%。第二阶段，平稳增长期（2007～2015 年）。这 8 年，除了 2011 年有稍微下降之外，整体是平稳增长，从 2007 年的 18927.00 万吨增加至 2015 年的 20090.07 万吨，增加了 1163.07 万吨，年平均增长率为 0.77%。第三阶段，持续下降期（2015～2019 年），从 2015 年的 20090.07 万吨降为 2019 年的 17575.34 万吨，降幅为 12.52%。

相较于优先发展区，适度发展区的农业碳排放总量较小，样本考察期内基本上围绕 3700 万吨波动，各年份间变化不大。

表 4 - 6　　1995～2019 年中国粮食可持续发展区农业碳排放总量及其年增长率

单位：万吨，%

年份	优先发展区		适度发展区	
	碳排放总量	增长率	碳排放总量	增长率
1995	17519.44	—	3866.89	—
1996	17827.02	1.76	3631.53	-6.09

续表

年份	优先发展区		适度发展区	
	碳排放总量	增长率	碳排放总量	增长率
1997	17441.36	-2.16	2924.91	-19.46
1998	18026.68	3.356	3249.89	11.11
1999	18397.52	2.06	3281.39	0.97
2000	17714.39	-3.71	2975.61	-9.32
2001	18482.37	4.34	3309.08	11.21
2002	18890.15	2.21	3382.70	2.22
2003	18912.64	0.12	3483.71	2.99
2004	19922.04	5.34	3670.47	5.36
2005	20421.87	2.51	3803.90	3.64
2006	20414.12	-0.04	3880.00	2.00
2007	18927.00	-7.28	3700.37	-4.63
2008	19109.67	0.97	3787.31	2.35
2009	19311.73	1.06	3792.27	0.13
2010	19433.73	0.63	3810.34	0.47
2011	19123.13	-1.60	3367.24	-11.63
2012	19874.38	3.93	3785.31	12.42
2013	19989.74	0.58	3789.06	0.10
2014	20058.47	0.34	3865.72	2.02
2015	20090.07	0.16	3914.39	1.26
2016	19895.73	-0.97	3900.61	-0.35
2017	19652.98	-1.2	3773.89	-3.25
2018	19241.27	-2.09	3714.55	-1.57
2019	17575.34	-8.66	3006.00	-19.07

资料来源：作者依据 1995~2019 年《中国农村统计年鉴》《新中国 60 年统计资料汇编》等提供的数据整理得到。

相应地，根据 1995~2019 年优先发展区和适度发展区的农业碳排放量，绘制两个发展区各年度的碳排放占比情况。由图 4 - 6 所示可知，样本考察期内，各地区农业碳排放量占比相对稳定，整体波动不大。其中，优先发展区农业碳排放量占比长期居于首位，维持在 80% 以上；适度发展区碳排放量占比，除了 1997 年、2000 年、2011 年和 2019 年低于 15%，其余均在 15% ~18% 之间徘徊。

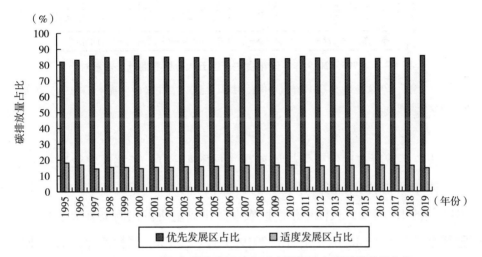

图 4 - 6　1995 ~2019 年优先发展区和适度发展区农业碳排放量占比

资料来源：作者依据 1995 ~2019 年《中国农村统计年鉴》《新中国 60 年统计资料汇编》等提供的数据整理得到。

尽管本研究按照《全国可持续农业发展规划（2015 - 2030）》划分方法对各地区农业碳排放量进行对比分析，但由于各地区数量相差较大，如此"非同一水平线"上的比较难以发现不同地区之间的真正差异，故后文将按照前文划分的五大分区展开进一步讨论与分析。

由图 4 -7 可知，中国粮食主产区五大分区的农业碳排放总量差异比较明显。长江中下游区农业碳排放最高，其次为黄淮海区，再次是东北区，最后是西南区（四川）和西北区（内蒙古）。

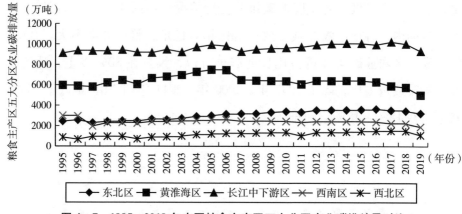

图 4 - 7　1995～2019 年中国粮食主产区五大分区农业碳排放量对比

资料来源：作者依据 1995～2019 年《中国农村统计年鉴》《新中国 60 年统计资料汇编》等提供的数据整理得到。

从各区域所占比例变化趋势来看（见图 4 - 8），东北区农业碳排放量在整体中所占比例呈现出明显上升趋势，从 1995 年的 11.39% 上升到 2019 年的 15.69%，长江中下游区农业碳排放量所占比例也有所上升，其比例由 1995 年的 42.64% 上升到 2019 年的 45.33%，同样西北区的农业碳排放量占比略有上升，由 1995 年的 4.09% 上升到 2019 年的 5.32%；而黄淮海区的农业碳排放量在整体中所占比例明显下降，从 1995 年的 27.88% 下降到 2019 年的 24.38%，西南区农业碳排放量在整体中所占比例也有所下降，从 1995 年的 14.0% 下降到 2019 年的 9.28%。

图 4 - 9 给出了中国粮食主产区五大分区农业碳排放年增长率①对比图，从图 4 - 9 中可以发现，西北区年增长率变化幅度最大，以内蒙古为代表的西北区以畜牧业为主，碳排放量受畜牧养殖量的调整影响较大。另外，2012 年之后，五个分区的碳排放量年增长率逐步呈负增长态势，说明我国粮食主产区碳排放总量在逐年递减。

_____

① 增长率为后一年较前一年的增长幅度。

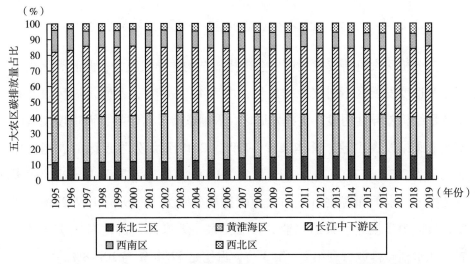

图 4 – 8　1995～2019 年中国粮食主产区五大分区农业碳排放量占比对比

资料来源：作者依据 1995～2019 年《中国农村统计年鉴》《新中国 60 年统计资料汇编》等提供的数据整理得到。

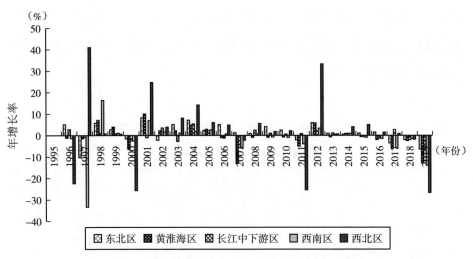

图 4 – 9　中国粮食主产区五大分区农业碳排放年增长率对比

资料来源：作者依据 1995～2019 年《中国农村统计年鉴》《新中国 60 年统计资料汇编》等提供的数据整理得到。

4.2.2.4　粮食主产区农业碳排放结构区域差异分析

为分析两大可持续发展区农业碳排放结构差异状况，在此测算优先发展区和适度发展区不同碳源排放量，由表4－7可知，不同发展区农业碳排放量结构差异性明显，优先发展区，农地碳排放占主导，而适度发展区畜牧业碳排放占主导。具体来看，1995～2019年优先发展区的农地碳排放总量为203206.75万吨，占比为44.19%，是优先发展区占比最大的碳排放类型，水稻和畜牧引发的农业碳排放分别为18.59%和37.22%。适度发展区中畜牧业引致的农业碳排放是最主要来源，占比高达57.06%，农地和水稻碳排放分列第2、第3位，占比是32.46%与10.48%。

究其原因，最重要的还是与各地区带有地域特色的农业生产有关。优先发展区的资源环境承载力与发展基础等相对较高，其在国家农业发展中承担的责任最大，那么其多样化发展的可能性较高；而适度发展区对某一产业依赖的程度高，其可持续发展能力也较弱，故也出现了各类碳源排放量"由优先发展区的相对均衡分布向保护发展区的极化与非均衡分布"的特征。

表4－7　　　　　1995～2019年中国粮食主产区中优先发展区与

适度发展区农业碳排放结构对比　　　　单位：万吨，%

区域	农地碳排放		水稻碳排放		畜牧业碳排放	
	总量	占比	总量	占比	总量	占比
优先发展区	203206.75	44.19	85472.63	18.59	171139.60	37.22
适度发展区	29102.47	32.46	9398.47	10.48	51166.21	57.06

资料来源：作者依据1995～2019年《中国农村统计年鉴》《新中国60年统计资料汇编》等提供的数据整理得到。

因此，在当前农业碳排放地域梯次分布明显的情况下，不同地区农业碳排放又存在结构差异性特征。换言之，各类碳源存在"由优先发展区的相对均衡分布向适度发展区的极化与非均衡分布"过渡的差异性特征。

与两大可持续发展区情况基本类似，五大分区碳源也表现出"碳源差异化分布"的特征（见表4-8），就不同碳源来讲，水稻碳排放南北差异明显，其中长江中下游区的由水稻生产所引致的碳排放量最多（94673.20万吨），其次为西南区、东北区和黄淮海区，西北区最少，仅为150.22万吨。农地方面，黄淮海居榜首（83087.29万吨），其次为长江中下游区、东北区和西南区，西北区最少。畜牧方面，虽然西北区碳排放总量仅为17022.83万吨，但占该区排放总量的58.42%。

表4-8   1995~2019年中国粮食主产区五大分区农业碳排放结构差异

单位：万吨，%

区域	农地碳排放		水稻碳排放		畜牧碳排放	
	总量	占比	总量	占比	总量	占比
东北区	38516.51	50.54	4778.40	6.27	32919.88	43.19
黄淮海区	83087.29	52.08	2454.89	1.54	74007.03	46.39
长江中下游区	81602.96	33.93	94673.20	39.37	64212.68	26.70
西南区	17136.23	28.31	9248.26	15.28	34143.37	56.41
西北区	11966.23	41.07	150.22	0.52	17022.83	58.42

资料来源：作者依据1995~2019年《中国农村统计年鉴》《新中国60年统计资料汇编》等提供的数据整理得到。

根据不同碳源在区域排放总量中所占比重，可分为以下三类：（1）"均衡发展型"地区，这些地区各类碳源引发的碳排放量相对均衡，差异较小，如长江中下游地区。（2）"畜牧业为主，其他碳源均衡分布"地区，这类地区由畜牧业引发的农业碳排放比例相对较高，其他碳源产生的碳排放量差别较小,如西南区。(3)"农地和畜牧业为主,水稻碳排放为辅"地区,这些地区农地和畜牧业碳排放量占据绝大多部分,主要为东北区、黄淮海区和西北区。

4.3 小结

本章在依据《省级温室气体清单编制指南(试行)》与《中国温室气体清单研究》基本框架的基础上,构建粮食主产区农业碳排放测算体系,对我国 13 个粮食主产区的农业碳排放量进行了核算,并从总量、结构等方面对其时序演变趋势及空间分异特征进行分析,为下文粮食主产区农业碳生产率的研究奠定基础。

第 5 章

中国粮食主产区农业碳生产率的时序演变特征

本书的第 4 章确定了中国粮食主产区农业碳排放的核算体系，计算了粮食主产区的农业碳排放量。本章在第 4 章测算结果的基础上，从不同时间、不同地区对粮食主产区农业碳生产率的时序演变特征进行研究，并借助于核密度与收敛检验等方法，对农业碳生产率时序演变趋势、趋同与异化的趋势进行分析，为后文粮食主产区减排政策制定提供事实依据。

5.1 粮食主产区农业碳生产率的测度

5.1.1 测度方法的确定

农业碳生产率的测度方法大致有两种：一种是从农业碳生产率定义出发进行测算，称为单要素农业碳生产率；另一种是基于参数方法（随机前沿分析）和非参数方法（数据包络分析）进行测算，称为全要素农业碳生产率。

（1）单要素碳生产率。由定义出发，用 GDP 与 CO_2 的比值表示碳生产率。碳生产率蕴含的内涵能够较好地体现碳减排控制的重要性，更有其独特性与创新性（马大来，2015），是目前学界运用最多且被广泛认可的测算方法（Beinhocker et al.，2008；潘家华等，2010；王首，2013；胡威，2016）。

（2）全要素碳生产率。目前主要分为参数估计方法和非参数估计方法，前者以随机前沿分析方法（SFA）为代表，后者则以数据包络分析（DEA）为典型。SFA 通过构建生产函数（C－D 函数或 Translog 函数），将碳排放作为环境投入要素与劳动、资本和土地等传统要素共同纳入生产函数，运用随机前沿法对其测算。而 DEA 则无须设定函数形式，只需要投入与产出数据即可得到相应的测算结果，且对处理多投入与多产出具有优势。

不同方法测度的农业碳生产率存在较为明显的差异性，不同方法在测算的难易程度、解释内容、取值范围和排序功能存在一定的差异性（程琳琳，2018）。结合当前中国社会经济以及农业发展所处阶段，特别是中国处于"相对减排"的转型期这一客观现实，后文将从单要素视角对粮食主产区农业碳生产率的时空分异特征及其诱因进行阐释。

5.1.2 单要素农业碳生产率核算步骤及测度指标选取

根据碳生产率的含义及内涵（Kaya & Yokobofi，1993），需先确定国内生产总值和碳排放量。对本研究而言，应先核算农业碳排放量及农业产值（不变价）。

（1）农业碳排放量。

根据本书 5.1.1 部分所介绍的农业碳排放核算体系，对中国粮食主产区农业碳排放进行测度。具体的碳源包括三个方面：一是农用物资投入所导致的碳排放量；二是水稻生长过程中所产生的 CH_4 等温室气体排放量；三是畜禽养殖过程中的肠道发酵和粪便管理所产生的 CH_4 和 N_2O 排放量。

（2）农业总产值。

本书选取农业总产值表示农业产出。为了剔除现价农业总产值核算过程中价格变动因素，对农业总产值以 1995 年为基期进行不变价处理。

（3）农业碳生产率核算。

根据碳生产率基本含义（Kaya & Yokobofi，1993；Beinhocker et al.，2008；潘家华等，2010），借鉴程琳琳等（2016）的做法，农业碳生产率的计算公式可表达为：

$$CP_a = \frac{Y_a}{CE_a} \qquad (5-1)$$

其中，CP_a 为粮食主产区农业碳生产率，Y_a 为以不变价计算的农业总产值，CE_a 为农业碳排放总量。

5.2　粮食主产区农业碳生产率描述性统计分析

5.2.1　全国层面粮食主产区农业碳生产率时序演变趋势

根据式 5-1，测算出 1995~2019 年中国粮食主产区农业碳生产率的变动趋势，如图 5-1 所示。中国粮食主产区农业碳生产率一直呈现

明显的快速增长趋势，即由 1995 年的 0.37 万元/吨增至 2019 年的 0.95
万元/吨，是 1995 年的 2.57 倍，年均增长率高达 6%。而就变动轨迹来
看，根据其变化与增长速度，具体可划分为差异明显的三个阶段，即中
速增长期（1995～1997 年）、慢速增长期（1997～2006 年）和高速增
长期（2006～2019 年）。第一阶段，从 1995 年的 0.37 万元/吨增至 1997
年的 0.43 万元/吨，3 年内增长了 16.22%，年增长率为 5.41%；第二阶
段，农业碳生产率由 1997 年的 0.43 万元/吨缓慢增加至 2006 年的 0.50 万
元/吨，10 年增加了 16.23%，年增长率仅为 1.62%；第三阶段，由 2006
年的 0.50 万元/吨增加至 2019 年的 0.96 万元/吨，14 年增加了 92.0%，
年增长率达到 6.57%。农业碳生产的提高得益于农业产值的不断攀升，
同时，可以判断的是，在农业碳排放量增长逐步趋缓的情况下，随着农业
产值相对较快的提高，粮食主产区农业碳生产率仍会保持持续增长的
趋势。

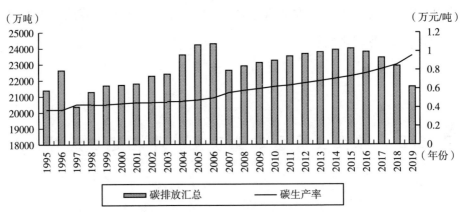

图 5-1 1995～2019 年中国粮食主产区农业碳生产率时序演变趋势

资料来源：作者依据 1995～2019 年《中国农村统计年鉴》《新中国 60 年统计资料汇编》等提供
的数据整理得到。

5.2.2　省域层面粮食主产区农业碳生产率时序演变趋势

按照各省（区、市）农业碳生产率变动轨迹来看，如图 5 - 2 所示，碳生产率较高的省份为江苏、河北、山东、辽宁；较低的省份为内蒙古、湖南和江西。按照碳生产率增长速度来看，可以划分为如下几种类型：

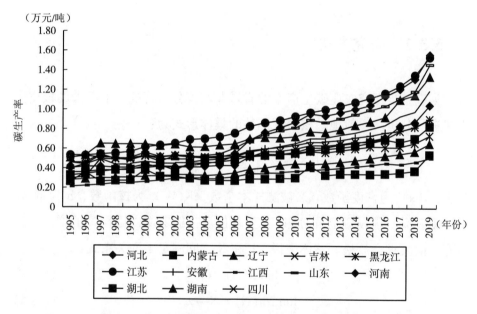

图 5 - 2　1995 ~ 2019 年中国粮食主产区不同省份农业碳生产率时序演变趋势

资料来源：作者依据 1995 ~ 2019 年《中国农村统计年鉴》《新中国 60 年统计资料汇编》等提供的数据整理得到。

（1）缓慢增长型：以内蒙古、吉林、黑龙江等省份为主。1995 ~ 2019 年碳生产率的年增长率在 2% ~ 4% 之间，黑龙江的最低，仅为 2.44%，其次为吉林，3.9%，内蒙古为 4.24%。

（2）中速增长型：江西、河南、河北、湖南、湖北、江西、安徽等省，碳生产率的年增长率在 5% ~7% 之间。

（3）高速增长型：河北、四川、山东等省。碳生产率的年增长率超过 8%，四川的年增长率最高，达到 12.19%，其次为山东为 10.70%。

5.3　粮食主产区农业碳生产率动态演进轨迹

5.3.1　研究方法

为进一步探究农业碳生产率的省域非均衡分布特征，下面借助核密度方法进行分析。一般地，核密度函数的具体形式为：

$$f(x) = \frac{1}{Nh} \sum_{i=1}^{N} K\left(\frac{X_i - x}{h}\right) \qquad (5-2)$$

其中，$f(x)$ 为密度函数，N 被测样本个数，$K(\cdot)$ 为核函数，h 为带宽，X_i 为观测值，服从独立同分布，x 为均值。一般来说，随着 N 的增大，对带宽 h 的要求会放松。整体来说，h 和 N 之间满足下面关系式：

$$\lim_{N \to \infty} h(N) = 0 \qquad (5-3)$$

$$\lim_{N \to \infty} Nh(N) = N \to \infty \qquad (5-4)$$

本书以高斯核函数分析中国粮食主产区农业碳生产率的动态演进过程，其具体函数可表达为：

$$K(x) = \frac{1}{\sqrt{2\pi}} \exp\left(-\frac{x^2}{2}\right) \qquad (5-5)$$

5.3.2　研究结果及分析

利用核密度函数对 1995 ~2019 年中国 13 个粮食主产区的农业碳生产率

演进趋势进行估计（见图 5 - 3）。可知 1995 ~ 2019 年中国 13 个粮食主产区农业碳生产率核密度函数中心向右偏移明显，波峰在 2005 年达到最大，之后逐渐降低并偏平化，分布区间增大。这表明 1995 ~ 2019 年省域间农业碳生产率差距逐步扩大，随着时间的推移，核密度函数前后差异明显。

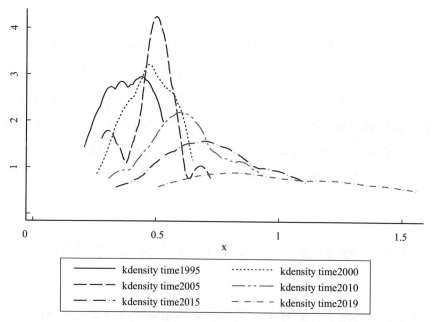

图 5 - 3 不同年份中国粮食主产区农业碳生产率核密度函数

注："Kdensity time" 表示进行核密度估计的时间。

资料来源：作者依据 1995 ~ 2019 年《中国农村统计年鉴》《新中国 60 年统计资料汇编》等提供的数据整理得到。

1995 年绝大部分粮食生产区各个省份的农业碳生产率整体相对偏低，并且呈现"多峰"态势。与 1995 年相比，2000 年粮食生产区各个省份的农业碳生产率核密度函数由"多峰"直接变为"单峰"，且峰值有所上升。2005 年粮食主产区农业碳生产率核密度函数整体较为"陡峭"，前后存在三个波峰，其中第二个波峰峰值最高，这说明中国粮食主产区农业碳生产率分布相对集中，具有局部区域集聚的现象，但集聚类型有所不同。2010 年农业碳生产率核密度函数峰值减低，且为单峰分布，以 0.6 万元/吨为中心上下波动，密度中心和变化区间整体右偏的迹象明显，这说明中国粮食主产区农业碳生产率在不断提高的同时，省际的差距也在进一步拉大。2015 年中国粮食主产区农业碳生产率密度函数峰值继续下降，密度函数逐步向以 0.7 万元/吨的中心左右分布，分布区间进一步扩张，省际农业碳生产率的差距仍在不断拉大。2019 年中国粮食主产区农业碳生产率的峰值变为历史最低，农业碳生产率的密度函数更加扁平化，分布区域更加广泛，从 0.5 万元/吨直近 1.6 万元/吨，省际农业碳生产率的差距十分明显。由此不难发现，样本考察期内，尽管中国农业碳生产率表现出明显的增长趋势，但省际农业碳生产率逐渐分化的迹象也越来越明显，空间分布的不均衡性在不断加强。

5.4　粮食主产区农业碳生产率收敛分析

找出导致农业碳生产率增长差异的原因能更好地揭示造成粮食主产区各省份农业碳生产率差异的根源和机制。新古典增长理论中的收敛假说为这类分析提供了理论框架，也正是过去 20 多年中有关增长理论的经验研究的核心所在。实证检验新古典增长理论的收敛假说在中国粮食主产区农业碳生产率的发展历程是否成立，同时提出各种解释说明收敛假说为什么成立或不成立，并探讨实现收敛的条件，是研究农业碳生产率的重要方法。

5.4.1　收敛类型

20 世纪 60 年代中期以索洛夫（1956）为代表的新古典增长理论认

为，由于资本的边际产出呈现递减趋势，经济的发展将趋于稳定的状态。这个稳定状态主要指的是人均产出保持不变，经济的增长率将为零。经济趋向稳定状态的过程中，由于边际报酬递减规律，对于一个有效经济范围的不同经济体（国家、地区甚至家庭），初始的静态指标和其经济增长速度之间存在着负相关关系，即落后经济体比发达经济体具有更高的经济增长率，这种经济增长速度的差异会使得落后经济体赶上发达经济体，从而导致各经济体期初的静态指标差异逐步消失。收敛亦即是两个或两个以上的经济体在人均收入、经济增长率等方面随时间的推移越来越相似或接近的过程，因此，收敛是低效率的经济体向较高效率的经济体的追赶过程（Islam，2003）。而如果经济体之间存在着不同的稳定状态，人均产出更高的经济体仍然有可能比人均产出更低的经济体具有更快的经济增长速度，只要其离自身的稳定状态更远。但当控制了稳定状态决定因素后，仍然可以预期落后经济体比发达经济体具有更高的经济增长率。归纳来说，前者不以经济体的其他任何特征为条件，在人均量上发达经济体比落后经济体增长更快的假说，被称为绝对收敛假说；后者这种在控制了稳定状态决定因素后，出现的收敛被称为条件收敛（Barro，1995）。

综述收敛的相关文献，一般分析三种收敛类型：σ 收敛、绝对 β 收敛和条件 β 收敛（简称为"条件收敛"）。存在 σ 收敛，表明经济体的收入水平越来越接近，收入差距逐渐减小。σ 收敛和绝对 β 收敛都属于绝对收敛的概念。绝对 β 收敛是指每一个经济体的收入都会达到完全相同的稳态增长速度和增长水平。条件收敛是在考虑了经济体各自不同的特征和条件后，每个经济体都在朝各自的稳态水平趋近，这个稳态水平依赖于经济体自身的特征，因此，即使存在条件收敛也并不意味着经济体之间的绝对收入水平会趋同。

三种类型的收敛既有一定的区别，也有一定的联系。第一，β 收敛与σ 收敛之间，β 收敛是 σ 收敛的必要非充分条件。β 收敛是针对产出增量而言，σ 收敛则是针对产出存量水平而言，指的是经济体间收入标准差随时间的推移而减小，因此 β 收敛一定会导致标准差的减小，但是标准差的减小却不一定会导致 β 收敛。第二，绝对 β 收敛与条件 β 收敛之间，绝对 β 收敛和条件收敛都是向稳态水平的趋近，只不过绝对 β 收敛中所有经济体的稳态水平都是相同的，而条件收敛中经济体具有不同的稳态水平，因而绝对 β 收敛表明所有经济体的人均收入最终都会相同，条件收敛表明经济体之间的收入差距会持久存在。

与收敛相关的另一概念是收敛速度，包括绝对 β 收敛速度和条件收敛速度。绝对 β 收敛速度是指发展中经济体的人均收入水平追赶发达经济体的速度，条件收敛速度是指经济体的人均收入趋近自身稳态水平的速度。收敛速度通常用百分比来表示，如 2%，它是指经济体每年能够缩小实际水平与稳态水平之间差距的 2%，也就是说实际人均收入水平每年向稳态收入水平靠近的幅度是 2%。较为直观的方法是转换为半程收敛时间，即减少实际水平与稳态水平之间差距的一半所需要时间（通常是年数），如 2% 的收敛速度对应的半程收敛时间是 35 年，如果收敛速度保持 2% 不变，35 年后（未来的）实际与稳态之间的差距是目前实际与稳态之间差距的一半。半程收敛时间的近似计算公式是 70/β（Romer，2001）。

在实证分析中，面板数据的固定效果模型是检验条件收敛的一种较为常用且有效的方法。面板数据模型得到广泛应用可能有三个方面的主要原因：一是普通的模型可能遗漏变量，而这些变量可能会对被解释变量有很大的贡献，不考虑它们会产生严重的估计偏差，但是，一个模型中往往很难包含所有的重要解释变量。面板数据的固定效应模型的最大优点，是它能够尽量避免遗漏解释变量问题，而且又避免了对解释变量的选择难题。二是普通模型当加入过多的解释变量后，多重共线性和自相关性等影响模型估计精度的问题随之出现。而面板数据模型由于扩大了样本数据量，可以有效地降低这些问题的影响。三是面板数据的固定效应模型可以设定截面和时间双向固定效应，考虑了不同个体间的不同稳态值，也考虑了个体本身自身稳态值随时间变化而变化的影响。此外，随机效应假定误差项或未观测变量与解释变量不相关，而固定效应则允许误差项与解释变量可以存在任意的相关关系（Wooldridge，2002）。

5.4.2　σ收敛检验

5.4.2.1　全国层面

σ收敛分析的是粮食主产区省与省之间农业碳生产率差异的趋势，通常以标准差来进行检验。表达为：

$$\sigma = \sqrt{\frac{(Y_i - \bar{Y})^2}{N}} \qquad (5-6)$$

其中，Y_i为粮食主产区各省农业碳生产率，$i = 1, 2, \cdots, 13$。$\bar{Y}$为农业碳生产率均值，N代表省个数。如果σ缩小，则存在收敛；否则，不存在收敛现象。另外，还可以通过构建下面的模型进行σ收敛检验：

$$\sigma_{it} = \alpha + \gamma \cdot t + u_{it} \qquad (5-7)$$

其中，α为常数项，t为时间变量，u_{it}为随机扰动项。若$\gamma < 0$且显著，则存在收敛；若$\gamma > 0$且显著，则表示发散；若$\gamma = 0$，表示未发生变化。

图5-4描绘了1995~2019年粮食主产区、优先发展区和适度发展区农业碳生产率的σ收敛趋势。1995~1999年粮食主产区13个省农业碳生产率差距围绕0.20上下波动，1999~2007年，粮食主产区各省间农业碳生产率差距持续降低，2007年之后，这种差距拉大的趋势十分明显，到2019年标准差达到0.56，区域碳生产率之间的差距进一步扩大。

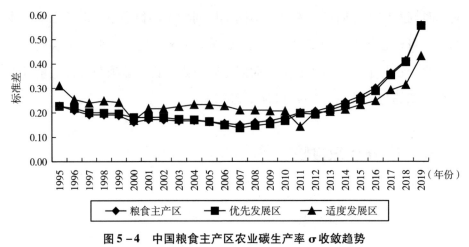

图 5 - 4 中国粮食主产区农业碳生产率 σ 收敛趋势

资料来源：作者依据 1995 ~ 2019 年《中国农村统计年鉴》《新中国 60 年统计资料汇编》等提供的数据整理得到。

从可持续发展区来看，优先发展区内部省份农业碳生产率差距拉大或者缩小的"步调"基本与粮食主产区 13 个省份的步调保持一致；优先发展区和适度发展区的变动轨迹整体上均呈现出明显的增长趋势，但并不存在 σ 收敛趋势，且各有其自身的特殊性。其中，2010 年以前，除了 2000 年，适度发展区内部省份的农业碳生产率的差距明显大于优先发展区，说明适度发展区农业碳生产率的标准差明显高于优先发展区和粮食主产区 13 个省份；2011 年以后，优先发展区内部省份的农业碳生产率的差距大于适度发展区，并且有持续拉大的趋势，σ 发散的迹象明显；适度发展区农业碳生产率内部差距经历了三个阶段：1995 ~ 2000 年划为第一阶段，农业碳生产率差距变动较小；2000 ~ 2011 年为第二阶段，农业碳生产率内部差距呈现倒 "U" 型；2011 ~ 2019 年为第三阶段，适度发展区农业碳生产率内部差距持续增大，σ 发散趋势显现。

为进一步研究粮食主产区农业碳生产率是否真实存在收敛迹象，根据上文构建的模型进行回归检验。检验结果显示，全国层面 λ 系数为 0.0134，并通过了 1% 的显著性检验，即中国粮食主产区农业碳生产率不存在 σ 收敛迹象，农业碳生产率增长的非均衡性特征明显。类似地，优先发展区和适度发展区的 λ 系数均显著大于 0，验证了前文所得到的相关结论。

5.4.2.2　区域层面

为研究方便，将粮食主产区中的内蒙古和四川两个省份合称为西部大开发区。图 5 - 5 给出了 1995～2019 年，东北区、黄淮海区、长江中下游区、西部大开发地区四大分区的农业碳生产率 σ 收敛检验结果的变动趋势。

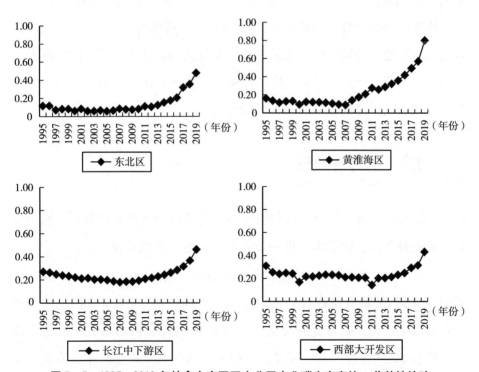

图 5 - 5　1995～2019 年粮食主产区四大分区农业碳生产率的 σ 收敛性检验

资料来源：作者依据 1995～2019 年《中国农村统计年鉴》《新中国 60 年统计资料汇编》等提供的数据整理得到。

东北区、黄淮海区、长江中下游区、西部大开发区四个分区农业碳生产率的差距均有不同程度的扩大，不存在 σ 收敛。其中，黄淮海区内部省域间农业碳生产率差距最大，其次为东北区、长江中下游区和西部大开发区紧随其后。黄淮海区农业碳生产率的差距为各地区中最大，按照其变动轨迹可划分为两个阶段：波动期（2007 年前）和快速增长期（2007～2019 年）；长江中下游区农业碳生产率呈"U"型态势，在 2008 年左右差距最小；东北区和西部大开发区整体上波动相对明显。西部大开发区农业碳生产率水平一直处于平均水平之下，随着经济发展和生态保护措施的实施，近些年西部大开发地区农业碳生产率逐年上升。

通过进一步计算中国粮食主产区东北区、黄淮海区、长江中下游区、西部大开发地区的碳生产率变异系数，发现虽与农业碳生产率的标准差存在一定的差异，但是，二者反应的趋势是一致的。进一步验证了本书粮食主产区农业碳生产率 σ 收敛检验的稳健性。

5.4.3 绝对 β 收敛

σ 收敛难以否定绝对 β 收敛的存在，这是因为绝对 β 收敛为 σ 收敛的必要非充分条件，因此需要进一步的检验。绝对 β 收敛模型为：

$$\ln(CP_{it}/CP_{i0})/T = \alpha + \beta\ln(CP_{i0}) + \varepsilon_{it} \quad (5-8)$$

其中，CP_{i0} 代表粮食主产区初期农业碳生产率，CP_{it} 代表 t 时期粮食主产区农业碳生产率，T 为所跨时期，α 与分 β 别代表带估参数，ε_{it} 是误差项。若 β＜0 且显著，表示该时期粮食主产区的农业碳生产率具有绝对 β 收敛趋势。依据式（5-9），可以计算出收敛速度。

$$\beta = \left[\frac{-(1-e^{\lambda T})}{T} \right] \quad (5-9)$$

考虑到本研究的样本期间为 1995～2019 年，本书将其划分为 4 个阶段并进行检验：1995～2001 年、2002～2007 年、2008～2013 年和 2014～2019 年。根据式（5-8），得到各阶段粮食主产区的农业碳生产率绝对收敛检验结果，如表 5-1 所示。

由表 5-1 不难发现，1995～2019 年，β 的估计系数为 -0.0159，并通过 1% 的显著性检验，这表明中国粮食主产区各省农业碳生产率的增长率与初始值呈负相关关系，即初期农业碳生产率相对偏低的省区的增速要明显快于农业碳生产率高的省份，各省份之间的差距在不断缩小，具有趋于稳态的可能。换言之，自 1995 年以来的 25 年，中国粮食主产区农业碳生产率整体上存在着明显的绝对收敛迹象，且收敛速度为 1.98%。分时期来看，1995～2001 年农业碳生产率的回归系数为 0.0459，并在 1% 的置信水平下显著，表明该阶段中国粮食主产区农业碳生产率也存在着较为明显的绝对收敛现象。对比之下，2002～2007 年和 2008～2019 年尽管农业碳生产率的回归系数亦为负，但并不显著。这意味着这两个阶段内，中国粮食主产区农业碳生产率并不存在着绝对 β 收敛的迹象。

表 5-1　　　　　　　　　　　　　绝对 β 收敛结果

项目	1995～2001 年	2002～2007 年	2008～2013 年	2014～2019 年	1995～2019 年
β	0.0459 **	-0.0058	-0.0078	-0.0086	-0.0159 ***
λ	0.0594	0.0061	0.0080	0.0088	0.0198
标准误差	0.0079	0.0021	0.0032	0.0046	0.0039
R^2	0.5123	0.0069	0.0298	0.0401	0.3243

注：*** 、** 分别表示在 1%、5% 水平上显著。

尽管 1995～2019 年中国粮食主产区农业碳生产率具有绝对 β 收敛迹象，但是农业碳生产率的绝对收敛特征的内部层次又是如何？粮食主产区不同分区农业碳生产率是否存在着俱乐部趋同呢？为了回答上述问题，需进行分区检验。为此，本研究仍按照上文的两大可持续发展区的划分方法，进行俱乐部收敛检验。

经过检验发现，样本考察期内，两大可持续区中仅有优先发展区农业碳生产率整体上存在着显著的绝对β收敛迹象，而适度发展区并无俱乐部绝对收敛的趋势。同时，不同时期优先发展区农业碳生产率绝对收敛也有所不同；其中，1995~2001年和2002~2007年两阶段的农业碳生产率具有显著的绝对收敛现象，而2008~2013年并不存在绝对收敛的迹象。这说明两大可持续发展区内部各省份间农业碳生产率的差距尽管一直是存在的，但不同地区的情况各异，其中适度发展区的差距并没有缩小的迹象，而仅有优先发展区内部省份农业碳生产率的差距在不断缩小，不过这种缩小的迹象也仅维持在2008年之前。

综上，尽管粮食主产区农业碳生产率差距整体上略有缩小，甚至在某个时期部分省份这一现象十分明显，但这也难以掩盖近年来粮食主产区农业碳生产率差距不断拉大的事实，以及粮食主产区省域间农业碳生产率所具有的非均衡性特征。

5.4.4　条件β收敛

由于绝对收敛的结果并不能排除粮食主产区各省份趋于自身稳态的可能性，故仍需进行条件β收敛检验。构建粮食主产区农业碳生产率绝对收敛普通面板模型（Jobert，2010），具体形式如下：

$$\ln(C_{i,t}/C_{i,t-1}) = \alpha_{i,t} + \beta \ln(C_{i,t-1}) + \varepsilon_{i,t} \qquad (5-10)$$

若β<0且显著，表明具有条件收敛迹象；否则，不存在条件收敛趋势。

表5-2给出了不同时间阶段中国粮食主产区农业碳生产率条件收敛的双固定效应模型估计结果。1995~2019年中国粮食主产区农业碳生

产率的估计系数 β 小于 0 且显著,表明中国农业粮食主产区碳生产率存在条件收敛迹象。换言之,13 个省份的农业碳生产率一直朝着各自的稳态水平收敛,只是由于各省份发展初期农业碳生产率的稳态增长水平有所不同,才导致省间农业碳生产率的差距一直存在。通过计算,可知粮食主产区农业碳生产率的条件收敛速度为 3.68%。并且除 2002~2007 年外,1995~2001 年、2008~2014、2014~2019 年均有条件收敛迹象,收敛速度分别为 23.78%、1.87% 和 2.05%。

表 5-2 粮食主产区农业碳生产率条件 β 收敛估计结果

项目	1995~2001 年	2002~2007 年	2008~2013 年	2014~2019 年	1995~2019 年
Cons	0.9534 ***	-0.0592	0.2654 ***	0.2787	0.2989 ***
β	-0.1291 ***	0.0189	-0.0191 ***	-0.0201 ***	-0.0264 ***
收敛速度	0.2378	—	0.0187	0.0205	0.0368
R^2	0.1531	0.0045	0.0189	0.0201	0.0234

注: *** 表示在 0.01 的水平上显著。

同样经过检验发现,优先发展区有着明显的条件收敛现象。优先发展区作为全国农业资源禀赋条件相对优越、生产优势相对明显的地区,其内部省份间农业碳生产率尽管存在差异,但作为中国粮食主产区,其农业碳生产率增长逐渐趋向于各自的稳态水平发展。但是适度发展区各分段时期内,未表现出明显的条件收敛迹象,但对于整个样本考察期而言,这一情况却并不存在。换言之,适度发展区尽管在不同阶段均趋于向该阶段的均衡值,但由于每个阶段的均衡值并不处于同一水平线上,导致适度发展区内部省份农业碳生产率相对其初始值的差距在不断拉大,并没有出现所谓的趋向于各省区自身的稳态水平。

5.5 小结

本章在测度 1995~2019 年粮食主产区农业碳生产率的基础上，对农业碳生产率的时序变化趋势、动态演进轨迹以及不同时期不同地区的收敛性进行考察，结果发现：

（1）中国粮食主产区农业碳生产率一直呈现明显的快速增长趋势，即由 1995 年的 0.37 万元/吨增至 2019 年的 0.95 万元/吨，是 1995 年的 2.57 倍，年均增长率高达 6%。主要经历了中速增长期（1995~1997 年）、慢速增长期（1997~2006 年）和高速增长期（2006~2019 年）三个阶段。

（2）由核密度函数来看，1995~2019 年中国 13 个粮食主产区农业碳生产率核密度函数中心向右偏移明显，波峰在 2005 年达到最大，之后逐渐降低并扁平化，分布区间增大。1995 年绝大部分粮食生产区各个省份的农业碳生产率整体相对偏低，并且呈现"多峰"态势。与 1995 年相比，2000 年粮食生产区各个省份的农业碳生产率核密度函数由"多峰"直接变为"单峰"，且峰值有所上升。2005 年粮食主产区农业碳生产率核密度函数整体较为"陡峭"，前后存在三个波峰。2010 年农业碳生产率核密度函数峰值减低，且为单峰分布，密度中心和变化区间整体右偏的迹象明显。2015 年中国粮食主产区农业碳生产率密度函数峰值继续下降，分布区间进一步扩张，省际农业碳生产率的差距仍在不断拉大。2019 年中国粮食主产区农业碳生产率的峰值变为历史最低，农业碳生产率的密度函数更加扁平化，分布区域更加广泛，省际农业碳生产率的差距十分明显。

（3）中国粮食主产区农业碳生产率并不存在 σ 收敛，且这一现象在优先发展区和适度发展区同样存在。同时，东北区、黄淮海区、长江中下游区和西部大开发地区农业碳生产率不存在 σ 收敛，各农区农业碳生产率增长非均衡特征明显。

（4）1995～2019 年中国粮食主产区农业碳生产率呈现绝对 β 收敛，但在不同发展阶段这一现象并非必然。对于两大可持续发展区而言，仅有优先发展区农业碳生产率呈现绝对 β 收敛，而适度发展区并未呈现俱乐部绝对收敛。

（5）1995～2019 年中国粮食主产区农业碳生产率呈现条件 β 收敛。除 2002～2007 年外，其他时期呈现条件 β 收敛。同时，优先发展区呈现条件 β 收敛。

第6章

中国粮食主产区农业碳生产率空间演变特征

第5章从时间维度分析了中国粮食主产区农业碳生产率的演变特征，本章将从空间维度展开进一步研究，分析其空间布局结构与演化轨迹。

6.1　中国粮食主产区农业碳生产率空间分布格局

6.1.1　中国粮食主产区农业碳生产率省域分布及其差异

采用 ArcGIS 软件，分析中国粮食主产区农业碳生产率省域分布格局。本书分析了五年（1995 年、2001 年、2007 年、2013 年和 2019 年）中国粮食主产区农业碳生产率分布格局及其演化情况，其中各年份的分类按照 ArcGIS 软件中常用的自然间断点法进行划分。需要提及的是，由该软件通常按照数据分布情况及其内部差异进行等级划分，故每一分类（数值）

的间隔并非固定不变。

1995 年中国粮食主产区农业碳生产率整体呈现由东向西递减的格局，其中黑龙江、吉林、辽宁、河北、江苏农业碳生产率相对较高，而内蒙古和湖南相对偏低。具体来看，该年份江苏省农业碳生产率最高，达到 0.53 万元/吨；其次为河北和辽宁，农业碳生产率为 0.51 万吨；再次为辽宁、黑龙江，农业碳生产率为 0.46 万元/吨与山东、河北（0.40 万元/吨）形成外围高值圈；安徽、湖北、四川、湖南等中西部绝大部分省区农业碳生产率水平相对较低，介于 0.28 万元/吨~0.36 万元/吨之间；最低的为内蒙古，其农业碳生产率约为 0.26 万元/吨，这与适度发展区的定位较为一致，毕竟内蒙古生态环境相对脆弱，尽管其农业碳排放量相对较少，但由于农业产出并不高，故农业碳生产率整体也相对较低。由此，不难发现，1995 年中国粮食主产区农业碳生产率具有从内蒙古逐渐向正东、东北和东南梯次增长的层级特征。[1]

2001 年中国粮食主产区各省份农业碳生产率分布格局基本与 1995 年类似，但又有小范围变动，其中最大的特点在于农业碳生产率的条带状发展趋势更为明显，局部区域内省份间的同质性明显增强。具体而言，四川、山东、辽宁三省农业碳生产率增长明显，增长幅度超过 0.1 万元/吨；[2] 河北、山东、江苏 3 个东部沿海省份形成农业碳生产率高值包围圈，并逐步向河南、安徽、湖北和四川等省份递减延伸，之后向南北两侧再次递减，并"陷落"至江西和内蒙古低值区。

2007 年，省份均衡化发展的迹象明显弱化，"高值"省份与"低值"省份两两相间分布的迹象显现。同时，江苏依然居首位，达到 0.83 万元/吨，黑龙江落至次高值位置，四川农业碳生产率呈现持续增长态势，但东

---

①②　作者依据 1995~2019 年《中国农村统计年鉴》《新中国 60 年统计资料汇编》等提供的数据整理得到。

部沿海省区的农业碳生产率整体仍相对偏高。

与 2007 年相比，2013 年东部沿海省区农业碳生产率相对偏高，湖南、江西、内蒙古等省区仍相对较低的境况并未得到有效改善，整个粮食主产区由南到北呈现"低值—高值—低值"的分布格局。同时，农业碳生产率在 0.80 万元/吨以上的省份数量有所增加，四川碳生产率由 1995 年的第 10 为跃居至 2013 年的第 5 位。[1]

2019 年，粮食主产区农业碳生产率形成了"东北低值—正东高值—东南低值"交叉呈现、带状发展、外围高值环绕的非均衡性农业碳生产率分布格局。而这种不均衡性主要体现在区域间，与当前中国社会经济发展中所具有的"阶梯式"特点也较为类似。

综上不难发现，1995～2019 年尽管粮食主产区各省区农业碳生产率均有不同幅度的提高，且农业碳生产率东部沿海省份外围高值区、南部低值区的基本格局未发生明显变化，但由条带状均衡化发展逐步演变为外围均衡化发展、内侧差异化分布格局的趋势显现。即在粮食主产区农业碳生产率高值省区和低值省区局部聚类发展的同时，农业碳生产率中值省区之间的分异现象更加显现。

6.1.2　粮食主产区农业碳生产率区域格局及其差异

6.1.2.1　两大可持续发展区农业碳生产率分布格局与特征

根据上文可知，中国粮食主产区省域农业碳生产率整体呈现出"东高南低"的分布特征，但这仍难以把握其内部层次结构及差异性。为

---

[1]　作者依据 1995～2019 年《中国农村统计年鉴》《新中国 60 年统计资料汇编》等提供的数据整理得到。

此，将按照农业可持续发展分区进一步展开深入分析。图 6 - 1 展示了
1995～2019 年优先发展区与适度发展区的分布结构及其变动情况。1995
年优先发展区和适度发展区的农业碳生产率整体偏低，均在 0.4 万元/吨
以下，而 2019 年农业碳生产率分别为 1.01 万元/吨与 0.96 万元/吨，但
是可持续发展区内各个省份农业碳生产率差距明显。长期以来，优先发展
区的农业碳生产率均高于适度发展区，但由于适度发展区初期水平最低，
故增长率最高。

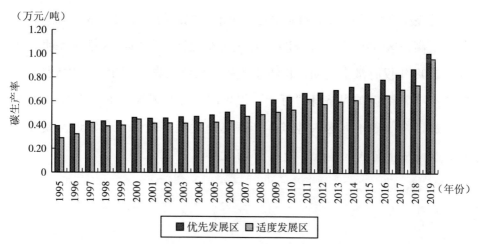

图 6 - 1　优先发展区与适度发展区农业碳生产率分布结构及其变化

资料来源：作者依据 1995～2019 年《中国农村统计年鉴》《新中国 60 年统计资料汇编》等提供
的数据整理得到。

当然，由于优先发展区与适度发展区在省区数量及农业生产发展等方
面存在的天然"鸿沟"，也导致彼此之间的差距异常明显。实际上，随着
农业生产的区域化结构性调整，以及农产品越来越向优势区或特定地域集
中，农业领域的"马太效应"也正在形成。由此也造成了资源环境承载
力、发展基础本来就相对薄弱的内蒙古，其农业碳生产率与其他地区差距
越来越大。当然，这并非是要否定此种差距，相反，根据国家新时期农业

可持续发展区域布局战略以及种植业结构调整等基本要求来看，这与内蒙古"生态安全屏障"的作用及保护发展的基本策略不谋而合。

6.1.2.2　四大分区农业碳生产率分布格局与特征

图6-2描述了东北、黄淮海、长江中下游、西南和西部大开发地区的农业碳生产率分布结构及变动情况。1995年东北地区的农业碳生产率居于四大分区首位，为0.47万元/吨，其次为黄淮海地区、长江中下游地区，西部大开发地区最低，仅为0.29万元/吨。2007年粮食主产区四大分区农业碳生产率位次发生明显变化，黄淮海地区超越东北区成为农业碳生产率最高地区（0.62万元/吨），其次为东北区，其他地区排序无明显变化。2008年仅有微小变动，长江地区和东北地区农业碳生产率大致相当。2017年黄淮海区首先跻身"万元"俱乐部，农业碳生产率高达1.03万元吨。2019年，黄淮海区农业碳生产率迅速发展，西部大开发地区紧随其后，长江中下游西区最低，为0.87万元/吨。

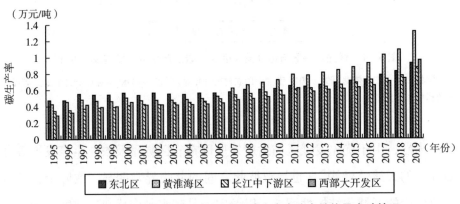

图6-2　1995~2019年四大分区农业碳生产率分布结构及变动情况

资料来源：作者依据1995~2019年《中国农村统计年鉴》《新中国60年统计资料汇编》等提供的数据整理得到。

6.2 农业碳生产率区域差异分解

6.2.1 研究方法

在现有文献中，通过不平等指数的分解来研究地区差距是一种非常重要的方法，通过分解可以得到地区之间以及地区内部的差距，并可计算获知它们在总差距中所占的比重，进而客观地找出造成差距的结构性原因。由于基尼（Gini）系数在不同组间进行分解，除了包括组内和组间差距外，还包括一个相互作用项，可能造成相当严重的估计误差（李实，2002），因此，现有文献更多地应用 Theil 指数来分解地区差距的构成，展现不同区域内部与区域间农业碳生产率的差异与不均衡状况以及相关地区的差异贡献（Theil，1967）。对泰尔指数进行一阶分解，可以把粮食主产区总差异水平分解为 K 个区域间的差异与区域内的差异，总差异泰尔指数公式如下：

$$T_p = \sum_i \sum_j \left(\frac{Y_{ij}}{Y_i}\right) \log\left(\frac{Y_{ij}/Y}{P_{ij}/P}\right) \qquad (6-1)$$

其中，Y_{ij} 为第 i 个区域第 j 个省份的农业碳生产率，Y_i 为第 i 区域的总农业碳生产率，Y 为 13 个粮食主产区的总农业碳生产率；P_i 为第 i 个区域内包含的省份个数，P = 13。

如果定义第 i 个区域内各个省份间的差异为：

$$T_{pi} = \sum_{j=1} \left(\frac{Y_{ij}}{Y_i}\right) \log\left(\frac{Y_{ij}/Y_i}{P_{ij}/P_i}\right) \qquad (6-2)$$

则总差异可分解为：

$$T_p = T_{WR} + T_{BR} = \sum_i \left(\frac{Y_i}{Y}\right) T_{pi} + \sum_i \left(\frac{Y_i}{Y}\right) \log\left(\frac{Y_i/Y}{P_i/P}\right) \quad (6-3)$$

式（6-3）中，T_{WR}表示区域内差异，T_{BR}表示区域间差异。

6.2.2 四大分区差距分解及其分析

中国粮食主产区农业碳生产率区域差距的泰尔指数分解结果如表6-1所示。整体来看，中国粮食主产区农业碳生产率区域总差距有上升趋势（见图6-3）。泰尔指数由1995年的0.1308上升到2019年的0.1791。整体经历了两个阶段：一是波动下降期（1995~2003年），这一阶段由1995年的0.1308波动下降至2003年的0.1125；二是稳步上升期（2003~2019年），18年间泰尔指数增加了0.0666，增加幅度达到59.14%，① 反映了中国粮食主产区农业碳生产率区域差距逐年增大。

从四大分区对区域内差距的贡献来看，长江中下游区对区域内差距贡献最大，1995~2019年一直占据40%以上（见图6-4）。虽然长江中下游地区对区域内差距贡献最大，但是25年来一直处于下降趋势，由1995年的63.67%下降到2015年的41.83%，下降幅度达34.31%，反映出长江中下游地区内部的差距呈逐年减小的趋势；东北区和黄淮海区对区域内差距贡献处于波动状态，但贡献度大多位于10%~20%之间；西部大开发区从2004年开始一直稳定在20%左右，反映出西部大开发区内部差距呈现相对稳定的态势。

---

① 作者依据年鉴数据和式6-1到式6-3计算出来。

年份	东北区		黄淮海区		长江中下游区		西部大开发区	
	区域间	区域内	区域间	区域内	区域间	区域内	区域间	区域内
1995	0.0258	0.0055	0.0143	0.0127	0.0175	0.0368	0.0155	0.0028
1996	0.0204	0.0091	0.0158	0.0109	0.0209	0.0329	0.0100	0.0035
1997	0.0311	0.0135	0.0110	0.0102	0.0261	0.0301	0.0086	0.0171
1998	0.0293	0.0155	0.0087	0.0094	0.0210	0.0304	0.0108	0.0127
1999	0.0283	0.0158	0.0068	0.0091	0.0192	0.0312	0.0103	0.0127
2000	0.0226	0.0116	0.0089	0.0099	0.0214	0.0330	0.0058	0.0060
2001	0.0202	0.0136	0.0049	0.0091	0.0126	0.0350	0.0094	0.0098
2002	0.0254	0.0115	0.0042	0.0094	0.0154	0.0367	0.0100	0.0103
2003	0.0197	0.0095	0.0031	0.0094	0.0088	0.0392	0.0111	0.0117
2004	0.0181	0.0107	0.0038	0.0093	0.0077	0.0398	0.0113	0.0145
2005	0.0186	0.0104	0.0036	0.0093	0.0073	0.0402	0.0118	0.0151
2006	0.0133	0.0116	0.0058	0.0128	0.0042	0.0420	0.0124	0.0158
2007	0.0054	0.0148	0.0154	0.0131	0.0049	0.0418	0.0129	0.0164
2008	0.0057	0.0123	0.0191	0.0167	0.0075	0.0426	0.0136	0.0172
2009	0.0026	0.0114	0.0221	0.0184	0.0076	0.0424	0.0131	0.0179
2010	0.0010	0.0110	0.0237	0.0193	0.0075	0.0431	0.0131	0.0185
2011	0.0002	0.0116	0.0264	0.0203	0.0131	0.0435	0.0091	0.0141
2012	0.0006	0.0116	0.0252	0.0189	0.0083	0.0448	0.0122	0.0189
2013	0.0006	0.0120	0.0260	0.0188	0.0092	0.0448	0.0120	0.0191
2014	0.0000	0.0131	0.0263	0.0193	0.0092	0.0450	0.0126	0.0194
2015	0.0007	0.0141	0.0271	0.0197	0.0089	0.0445	0.0128	0.0205
2016	0.0022	0.0156	0.0293	0.0209	0.0089	0.0440	0.0130	0.0209
2017	0.0020	0.0222	0.0324	0.0174	0.0156	0.0468	0.0125	0.0225
2018	0.0012	0.0211	0.0335	0.0189	0.0153	0.0488	0.0128	0.0223
2019	0.0023	0.0231	0.0384	0.0197	0.0200	0.0458	0.0089	0.0209

注：作者依据年鉴数据和式6-1到式6-3计算出来。

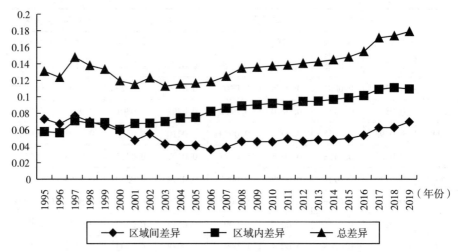

图6-3　1995~2019年中国粮食主产区农业碳生产率区域差异分解

资料来源：作者依据1995~2019年《中国农村统计年鉴》《新中国60年统计资料汇编》等提供的数据整理得到。

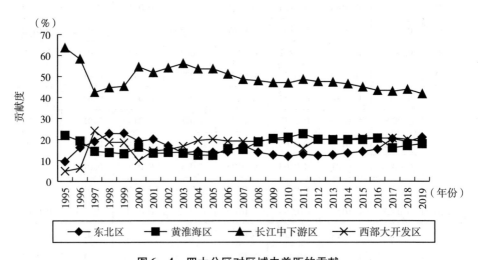

图6-4　四大分区对区域内差距的贡献

资料来源：作者依据1995~2019年《中国农村统计年鉴》《新中国60年统计资料汇编》等提供的数据整理得到。

图6-5反映了区域内差距和区域间差距在总差距中所占的比重。在

1995～1998 年，区域之间的差距占据主导地位，1995 年为 55.82%，区域内差距仅占 44.18%；随时间变化，区域之间的差距逐渐减小，到 1999 年，区域内差距开始超过区域间的差距，并占据总差距的一半以上，这种状态一直持续到 2019 年。2006 年区域内省份间的差距下降为 30.34%，而区域内的差距上升到 69.66%，为样本考察期（1995～2019 年）区域内外贡献度差距最大年份。

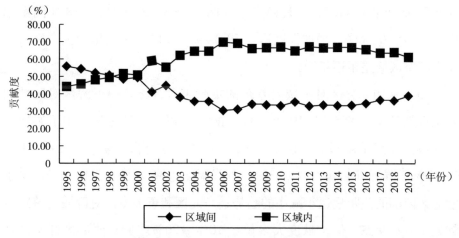

图 6-5 泰尔指数的分解——区域内差距贡献和区域间差距贡献

资料来源：作者依据 1995～2019 年《中国农村统计年鉴》《新中国 60 年统计资料汇编》等提供的数据整理得到。

6.3 小结

本章节在对省域与区域农业碳生产率空间分布格局进行分析的基础上，对区域差异进行了分解，结果发现：

（1）1995～2019 年尽管粮食主产区各省区农业碳生产率均有不同幅度的提高，且农业碳生产率东部沿海省份外围高值区、南部低值区的基本格局未发生明显变化，但由条带状均衡化发展逐步演变为外围均衡化发展、内侧差异化分布格局的趋势显现。即在粮食主产区农业碳生产率高值省区和低值省区局部聚类发展的同时，农业碳生产率中值省区之间的分异现象更加显现。

（2）中国粮食主产区农业碳生产率区域总差距有上升趋势。泰尔指数由 1995 年的 0.1308 上升到 2019 年的 0.1791。整体经历了两个阶段：一是波动下降期（1995～2003 年），这一阶段由 1995 年的 0.1308 波动下降至 2003 年的 0.1125；二是稳步上升期（2003～2019 年），18 年间泰尔指数增加了 0.0666，增加幅度达到 59.14%，反映了中国粮食主产区农业碳生产率区域差距逐年增大。

（3）从四大分区对区域内差距的贡献来看，长江中下游区对区域内差距贡献最大，1995～2019 年一直占据 40% 以上。虽然长江中下游地区对区域内差距贡献最大，但是 25 年来一直处于下降趋势，由 1995 年的 63.67% 下降到 2015 年的 41.83%，下降幅度达 34.31%，反映出长江中下游地区内部的差距呈逐年减小的趋势；东北区和黄淮海区对区域内差距贡献处于波动状态，但贡献度大多位于 10%～20% 之间；西部大开发区从 2004 年开始一直稳定在 20% 左右，反映出西部大开发区内部差距呈现相对稳定的态势。

第 7 章

中国粮食主产区农业碳生产率时空分异的影响因素

前文从时间和空间两个维度刻画中国粮食主产区农业碳生产率演变趋势、空间结构及其分异特征，本章将从实证层面检验农业碳生产率时空分异的关键性影响因素。

7.1 研究方法

7.1.1 探索性空间数据分析

在运用空间计量经济模型前，需进行空间自相关性检验。若存在空间自相关性，则可运用空间计量经济模型进行估计；否则，不宜采用。通过构建空间权重矩阵初步建立本地区与相邻地区的邻域关系，构造空间滞后项以进一步确定其空间相关关系。首先引入全局莫兰指

数 (Global Moran's I)，计算公式如下：

$$I = \frac{\sum_{i=1}^{n} \sum_{j=1}^{n} w_{ij}(x_i - \bar{x})(x_j - \bar{x})}{S^2 \sum_{i=1}^{n} \sum_{j=1}^{n} w_{ij}} \qquad (7-1)$$

其中，x、$\bar{x}$、S^2 分别表示农业碳生产率值、均值及方差；n 为地区数量；w_{ij} 为空间权重矩阵。Moran's I 的取值范围 [−1, 1]，Moran's I > 0 表明存在空间自相关性；Moran's I < 0 表明具有负空间自相关性；Moran's I = 0 时呈随机分布。

根据得到的 Moran's I 结果，可进一步由 Z 统计量来判断省域间农业碳生产率是否存在显著的空间自相关性。Z 统计量的计算公式可表达为：

$$Z = I - E(I) / \sqrt{Var(I)} \qquad (7-2)$$

其中，$E(I)$ 和 $Var(I)$ 分别为均值和方差。若 Z 值大于 0 且显著，表示农业碳生产率存在着显著的空间正自相关性，即邻域农业碳生产率在空间分布上具有较高的一致性，存在一定的空间聚类现象。而当 Z 值为负且显著时，表明邻域农业碳生产率的空间异质性较强。

为了考查本地区与邻近地区的空间集聚态势，引入局部莫兰指数，计算公式如下：

$$I_i = \frac{(x_i - \bar{x})}{S^2} \sum_{j=1}^{n} w_{ij}(x_j - \bar{x}) \qquad (7-3)$$

其中，x 为样本观测值；$\bar{x}$ 为样本平均值；S^2 为样本方差；w_{ij} 为空间矩阵 W 的 (i, j) 元素。其中，I 的取值范围 [−1, 1]。当 $j > 0$ 时，说明被观测对象主要呈现"高—高""低—低"的集聚态势分布，此时的空间相关性为正。当 $j < 0$ 时，说明被观测对象主要呈现"低—高""高—低"的集聚态势，此时的空间相关性为负。当 $j = 0$ 时，说明被观测对象呈现随机分布，此时不存在空间相关性。

在对农业碳生产率的空间自相关性进行检验后，需要从局域探讨不同省区间的空间关联模式，这主要通过 Moran's I 散点图和 LISA 图得以实现（Anselin，2004）。根据局域 Moran's I 散点图，可将农业碳生产率的空间关联模式划分为 4 类。其中，第 1 象限为高—高集聚（H–H），即农业碳生产率高值省区与高值区相邻；第 2 象限为低—高集聚（L–H），表示农业碳生产率低值省区被高值区包围；第 3 象限为低—低集聚（L–L），代表农业碳生产率低值区与低值区相邻；第 4 象限为高—低集聚（H–L），表示农业碳生产率高值省区被低值省区包围。需要说明是，尽管 4 个象限表示的聚类形式各异，但第 1 象限和第 3 象限分别表示农业碳生产率存在正空间自相关性，而第 2 象限和第 4 象限则表示存在负空间自相关性。此外，可根据 LISA 图来判断省域农业碳生产率空间聚类的显著性，即通过 LISA 图来反映对农业碳生产率全域自相关具有显著影响的省区及其空间关联模式。换言之，在根据局域 Moran's I 散点图识别出农业碳生产率不同省区聚类模式后，可由 LISA 图进一步发现全域空间自相关作用显著的省区。

7.1.2　空间面板计量模型

地理空间因素在分析环境经济问题时具有重要作用（Anselin，2001）。基于空间均质化的假设不仅不符合经济增长的具体实践，还可能导致经济学研究中所得结论不够科学，缺乏现实解释力，常常难以满足政策预期（吴玉鸣和李建霞，2006）。与此同时，以往学者对于相关问题的探讨，少有考虑内生性问题。但实际上，内生性问题不可避免，而采用传统经典最小二乘法（OLS）将导致估计有偏。目前对于内生性问题较好的处理办法或最为常用的办法即为工具变量法。但由于寻找到合适的工具变量并非易事，故目前学术界在开展相关研究时并不考虑该问题。更为重要的是，即使使用工具变量法进行估计，那么也容易导致研究所关注的空间滞后因变量与其他变量（如指示变量）的交互项估计值不在参数空间内部（Elhorst，2010）。而空间计量经济模型为解决上述内生性问题提供了有效途径（Anselin，1988）。因此，下文将采用空间计量经济模型进行估计。

空间计量模型是传统回归模型的延伸，其最大特点为引入空间权重矩阵度量不同个体间的空间滞后性。在这其中，最为常用的空间面板模型为空间滞后模型（spatial lagged model，SLM）与空间误差模型（spatial error model，SEM），前者还可被称为空间自回归模型（spatial autoregression model，SAR）。当然，除了上述模型外，常用的模型还有空间杜宾模型（spatial durbin model，SDM）。而目前诸多学者在研究相关问题时，直接采用 SLM 或 SEM 进行估计，并未对是否可采用空间杜宾模型等问题进行探讨（马丽梅和张晓，2014），在这一定程度上也使得研究结论的科学性大打折扣。实际上，这一模型选择过程中存在着数据的空间过程问题（张文彬等，2010）。因为本研究不仅关注被解释变量的空间滞后问题，还关心解释变量的空间自相关性以及空间误差的依赖性问题，而常常易忽视解释变量在空间上相互依赖性（Elhorst，2014）。当然，如若同时存在被解释变量和解释变量的空间过程，将使得模型难以估计（Manski，1993）。而最好的解决办法就是采用同时包含空间滞后被解释变量和解释变量的空间杜宾模型。换言之，SDM 作为 SLM 和 SEM 的广义形式，具有无须对空间溢出效应规模加以限制、估计无偏等诸多优点，尤为适合捕捉经济事物的空间溢出效应（Lesage & Pace，2009）。显然，本研究关注的农业碳生产率空间效应模型中，难以忽视空间滞后变量的作用，故也将使用 SDM 进行估计，并对其是否可简化为 SLM 或 SEM 这一问题进行解释与说明。

（1）空间杜宾模型（spatial dubin model，SDM）。地区的经济社会与自然因素不仅会影响本地区的碳生产率，邻域地区的相应因素也会对本地区的碳生产率产生重要影响，鉴于该模型满足研究需求，因而设定如下空间面板杜宾模型：

$$y_{it} = \rho \sum_{j=1}^{n} w_{ij} y_{jt} + \beta_i x_{it} + \delta_i \sum_{j=1}^{n} w_{ij} x_{jt} + u_i + \gamma_t + \varepsilon_{it} \qquad (7-4)$$

（2）空间滞后模型（spatial lagged model，SLM）。鉴于邻域地区的碳生产率可能对本地区的碳生产率带来影响，因而构建如下空间面板滞后模型：

$$y_{it} = \rho \sum_{j=1}^{n} w_{ij} y_{jt} + \beta_i x_{it} + u_i + \gamma_t + \varepsilon_{it} \qquad (7-5)$$

（3）空间误差模型（spatial error model，SEM）。地区间的互相依赖还可能体现在误差项中，即影响粮食主产区农业碳生产率的因素存在遗漏或难以被捕捉时，该模型更能满足研究需求，因而构建如下空间面板误差模型：

$$y_{it} = \beta_i x_{it} + \mu_i \sum_{j=1}^{n} w_{ij} \varepsilon_t + u_i + \gamma_t + \vartheta_{it} \qquad (7-6)$$

式7-4、式7-5和式7-6中，y 为因变量；i 为被观测对象；t 为时间；ρ 和 μ 为空间回归系数；δ 为自变量的空间滞后系数；w_{ij} 为空间矩阵 W 的（i，j）元素；x 为自变量；β 为待估参数；u 为个体效应；γ 为时间效应；ε 为扰动项；ϑ 为新扰动项，且满足 $\vartheta \sim N(0, \sigma^2 I_n)$。

（4）空间矩阵构建。包括邻接空间矩阵、地理距离矩阵和经济距离矩阵。

邻接空间矩阵。由于自变量对因变量的影响效应既受来自本地区的影响，又受来自邻近地区的影响。参考张军伟等（2018）的研究，将其矩阵元素设置为：

$$w_{ij} = \begin{cases} 0, & i = j \\ 0, & i \neq j（不邻接） \\ 1, & i \neq j（邻接） \end{cases} \qquad (7-7)$$

地理距离矩阵。受涟漪效应的影响，越靠近本地区的邻域，其产生的影响更大。此处，采用距离平方的倒数构建其矩阵结构，将其元素设置如下：

$$w_{ij} = \begin{cases} \dfrac{1}{d^2}, & i \neq j \\ 0, & i = j \end{cases} \qquad (7-8)$$

经济距离矩阵。前面两个矩阵仅考虑了地理空间因素带来的影响，但忽略了经济因素。一般地，经济发展程度越高，某种行为或现象与其紧密联系度越高。因此，利用各地区 GDP 均值与地理距离矩阵的乘积构建其矩阵结构，将其元素设置如下：

$$w_{ij} = \begin{cases} \dfrac{e_{ij}}{d^2}, & i \neq j \\ 0, & i = j \end{cases} \qquad (7-9)$$

其中，e_{ij} 为各地区 GDP 均值对称阵的第 i 行第 j 列元素。

7.2 变量选取

基于上文理论分析与研究假说，本研究重点关注农业产业结构、农村受教育水平、农业产业集聚、区域经济发展水平、农作物受灾害程度、农业技术技术进步、农业财政资金投入等与粮食主产区生产密切相关的因素对其碳生产率的影响，故选取如下变量探讨粮食主产区农业碳生产率的优化路径。

（1）农业产业结构（AIS）。农业产业结构在一定程度上表征了一个地区的农业产业布局特征，产业布局越合理，其内生发展潜力越大。同时，合理的产业布局也会促进生产方式的转型升级与资源配置效率的提升，从而降低碳源消耗，提高碳生产率。农业产业结构可分为种植业结构和农业结构两个维度（张宏宇，2000），这与本研究从种植业和畜牧业核算农业碳排放的做法不谋而合。因此，本研究也将从这两个方面体现农业产业结构调整状况。参考潘丹（2012）的做法，以畜牧业产值占农林牧渔业总产值的比重表示农业产业结构。同时，借鉴李谷成（2008）的做法，以粮食播种面积占农作物播种面积的比重表示种植业结构。

（2）农村受教育水平（REL）。接受过良好教育的农户会更愿意采取绿色生产方式、农业新技术及其他农业先进经营管理理念，会减少农业生产中的碳源消耗，从而影响种植业碳生产率。而且受教育程度高的农户，其环保意识也相对更高，也会对种植业碳生产率产生影响。此处，选取农村人口的平均受教育年限作为其替代变量。

（3）农业产业集聚（AIA）。对于农业产业集聚的测度，主要以生产集中度（钟甫宁和胡雪梅，2008）、Moran's I 指数（杨春和陆文聪，2010；肖卫东，2014）、区位熵（吕超和周应恒，2011；贺亚亚等，2016）、空间基尼系数（陈伟莲等，2009）等方法为主。由于区位熵指数能够较为真实地反映要素的地理空间分布状况，并能够消除地区规模差异等众多优点（杨仁发，2013），同时考虑到农业相关数据的可获得性，本研究选用区位熵指数进行测度。其具体公式为：

$$AIA_{ia} = (Y_{ia}/Y_i)(Y_a/Y) \qquad (7-10)$$

式（7-10）中 AIA_{ia} 表示农业产业集聚程度，Y_{ia}、Y_i、Y_a 和 Y 分别表示 i 省农业总产值、所有产业总产值、全国农业总产值和全社会所有产业产值。

（4）区域经济发展水平（AEDL）。部分学者以地区人均 GDP 作为地区经济发展水平的替代变量（田云，2015）。实际上，考虑到农民自身的收入状况直接关乎农业生产这一现实，本研究以农民人均纯收入表示地区经济发展水平。

（5）农作物受灾程度（CDL）。农业具有经济再生产和自然再生产双重特性，这就使得农业更易受到自然灾害的影响。在农业碳源消耗一定的条件下，农作物受灾程度越高，农业产值越低，使得农业碳生产率下降。此处，选取农作物受灾面积占农作物播种面积的比重作为其替代变量（吴贤荣，2015）。

（6）农业技术进步（ATP）。对于农业技术进步，除了采用索洛余值或农业全要素生产率表示外，部分学者以农业研发投入占农业总产值的比重表示（邓宗兵，2010）。本研究样本时间跨期为1995～2019年，考虑到数据的可获得性及指标前后的一致性，以农业技术专利申请量表示技术进步。其原因在于，专利授权具有较强的滞后性，难以体现当期技术进步水平（杨英超，2016）。

（7）农业财政资金投入（AFI）。由于直接采用国家财政支农资金规模（绝对量）难以较好地反映国家财政资金投入力度，故以各省区财政支农支出占地区财政支出的比例表示。其中，财政支农资金由支农生产支出、农林水利支出以及农业综合开发支出三项资金之和构成。

7.3 结果分析

7.3.1 粮食主产区农业碳生产率空间相关性分析

7.3.1.1 全局空间相关性

由表7-1可知，1995～2019年中国粮食主产区农业碳生产率的全域Moran's I指数显著为正，整体保持在0.14～0.48之间，表明中国粮食主产区农业碳生产率存在正空间自相关性。换言之，中国粮食主产区农业碳生产率在空间上并不是随机分布的，而是具有明显的空间聚类特征。总的来讲，中国粮食主产区农业碳生产率的空间自相关性在逐步减弱，特别是2005年之后粮食主产区农业碳生产率的异质性在增强。即邻域农业碳生产率虽然存在着聚类特征，但其聚类现象在逐步消散，省域间的分化越来越明显。

表 7-1　1995~2019 年中国粮食主产区农业碳生产率 Moran's I 指数

年份	Moran's I	标准差	P - value
1995	0.435	0.145	0.001
1996	0.371	0.142	0.002
1997	0.378	0.156	0.002
1998	0.423	0.156	0.001
1999	0.403	0.111	0.001
2000	0.445	0.145	0.002
2001	0.436	0.112	0.002
2002	0.430	0.126	0.001
2003	0.476	0.178	0.001
2004	0.434	0.115	0.001
2005	0.470	0.145	0.002
2006	0.424	0.186	0.002
2007	0.413	0.189	0.001
2008	0.345	0.108	0.001
2009	0.301	0.111	0.002
2010	0.272	0.146	0.006
2011	0.231	0.189	0.015
2012	0.217	0.156	0.017
2013	0.173	0.178	0.028
2014	0.144	0.116	0.034

续表

年份	Moran's I	标准差	P – value
2015	0.141	0.107	0.041
2016	0.144	0.109	0.048
2017	0.143	0.113	0.051
2018	0.142	0.106	0.059
2019	0.142	0.117	0.061

7.3.1.2 局部空间相关性

较之于 Global Moran's I 指数，Local Moran's I 指数更能刻画研究对象的空间集聚分布模式，具体描绘出研究对象所在区域与邻近地区的空间相关关系，并表现为高值邻域出现高值（高—高）、低值邻域出现高值（低—高）、低值邻域出现低值（低—低）、高值邻域出现低值（高—低）四种集聚分布特征。

1995 年处于 H – H 聚类（热点区）的省份以河北、辽宁、黑龙江、吉林、山东、河南、江苏为代表；位于 L – L 聚类（冷点区）的省份以湖南、江西、四川为代表。H – H 聚类和 L – L 聚类的样本数量占到总数 80%，这反映出中国省际农业碳生产率存在着较强的空间自相关性。2001 年这一状况略有改变，位于 H – L 和 L – H 聚类的省份数量有所增加，而另外两类省份数量有所减少。2007 年位于 H – L 和 L – H 聚类的省区数量增至 5 个，占到总数的 40%，这也说明粮食主产区省域间农业碳生产率的"聚块"发展之势有所弱化。2019 年位于 H – H 和 L – L 聚类的省份数量进一步减少，处于 H – L 和 L – H 聚类的省份数量规模进一步扩大，聚类发展与分化发展的省份不相上下。

由此，不难发现，1995～2019 年中国粮食主产区农业碳生产率具有较为明显的空间聚类特征，其中"热点"区主要集中在东部沿海地区，

"冷点"区则以西南区为主。同时,不同省区间的"极化"现象越来越明显,东西部之间的分化与不均衡性有所加剧,逐渐形成空间均衡化发展与非均衡化并存的格局。

7.3.2 粮食主产区农业碳生产率影响因素分析

在回归估计前,先对上述变量的平稳性进行检验。经检验,一阶差分后各序列基本平稳,限于篇幅,不再报告相关结果。上文证实农业碳生产率存在空间自相关性,故需空间面板模型进行估计。本研究按照 Anselin 的建议,采用最大似然估计法进行估计。另外,由拉格朗日乘子及稳健拉格朗日乘子检验结果确定选择何种模型。

本研究先进行普通面板模型回归估计,然后再进行空间面板模型估计,并对 SDM 是否可简化为 SEM 或 SLM 的问题进行解释与说明,用以比较不同模型之间的差异,表 7 - 2 给出了普通面板的回归结果。第一,应判断普通面板模型选择固定效应还是随机效应。由 Hausman 检验结果显示,应选择固定效应。同时,表 7 - 2 中空间固定效应模型的 R^2 为 0.9381,优于其他模型,故应选择空间固定效应普通面板模型进行估计。第二,由空间依赖性性检验结果来判断选择 SEM 还是 SLM 进行回归估计。由拉格朗日乘子检验结果发现,LM - lag 和 Robust LM - lag 分别为 44.2987 和 8.9876,LM - error 和 Robust LM - error 为 44.9956 和 9.6785。无论是 SLM 的拉格朗日乘子检验,还是 SEM 的两个检验,均通过 1% 的显著性检验,这说明拒绝无空间滞后项或空间误差滞后项的假设。此时,则需要借助 Wald 检验和 LR 检验来判断是否应采用 SDM 进行估计。

表7－2　　　　　中国粮食主产区农业碳生产率不同面板模型回归结果

变量	普通面板模型			
	混合回归	空间固定	时间固定	双固定效应
AFI	－0.1160 ***	0.0997 ***	－0.4192 ***	－0.3195 ***
	（－2.9184）	（2.9230）	（－8.2877）	（－7.2680）
TE	0.0838 ***	0.1130 ***	0.0784 ***	0.0747 ***
	（6.1091）	（7.1320）	（5.7758）	（4.9330）
AEDL	0.5990 ***	0.5475 ***	0.3257 ***	－0.2025 **
	（20.1855）	（17.7836）	（6.1939）	（－2.4222）
STR	－0.4358 ***	－0.2101 ***	－0.5139 ***	－0.1391 ***
	（11.2808）	（－4.3995）	（－13.9222）	（－3.0131）
REL 人力资本	0.7881 ***	0.0232 *	0.8639 ***	0.0293
	（9.6325）	（0.2324）	（11.1268）	（0.3374）
CDL 灾害	0.0131	0.0302 **	0.0236	0.0189
	（0.7639）	（2.5675）	（1.4436）	（1.8467）
AIA 集聚	0.3700 ***	0.3922 ***	0.3915 ***	0.4427 ***
	（12.5067）	（10.5946）	（14.0571）	（13.8354）
Adj－R^2	0.8845	0.9381	0.8009	0.4082
空间依赖性检验				

LM－lag	Robust LM－lag	LM－error	Robust LM－error
44.2987 ***	8.9876 ***	44.9956 ***	9.6785 ***

注：***、** 和 * 分别表示在1%、5%和10%水平下显著；括号内为 t 值。

　　由空间杜宾模型的估计结果来看（见表7－3），SDM 似然对数值和 R^2 等指标均较 OLS 有了明显提高，这进一步反映出采用空间面板模型是必要的。由 WALD 检验和 LR 检验结果显示均在1%的置信水平下显著，表明选择 SDM 进行估计。由 SDM 的 Hausman 检验来看，固定效应模型合适。另外，对比各模型发现以空间固定效应结果最佳，故下文以该结果展开分析。

表 7 – 3　　　　　　　　　　　　　空间杜宾模型回归结果

变量	系数	变量	系数	变量	系数
AFI	− 0. 1472 *** (− 3. 7980)	AIA	0. 4604 *** (13. 3654)	W × CDL	0. 0101 (0. 4897)
TE	0. 0567 *** (3. 8453)	W × AFI	0. 2576 *** (4. 5873)	W × AIA	− 0. 1769 ** (− 2. 4842)
AEDL	− 0. 0354 (− 0. 4165)	W × TE	0. 0210 (0. 6907)	W × dep. var.	0. 4341 *** (9. 8768)
STR	− 0. 0546 (− 1. 2974)	W × AEDL	0. 3296 *** (3. 4097)	Adj – R^2	0. 9354
REL	0. 0298 * (0. 3456)	W × STR	− 0. 1198 (− 1. 4087)	loglikelihood	419. 2321
CDL	0. 0198 * (1. 8894)	W × REL	− 0. 219 (− 1. 3476)		

注: *** 、 ** 和 * 分别表示在 1% 、5% 和 10% 水平下显著；括号内为 t 值。

（1）空间溢出效应。其系数为正，且在 1% 的置信水平下显著，表明相邻省区农业碳生产率存在着空间交互影响特征。同时，就各影响因素而言，本省区农业碳生产率不仅受到本地区工业化、技术进步、城镇化、农业产业集聚、国家财政支农投入、种植业结构和自然灾害的显著影响，还受到邻域国家财政支农投入、工业化、农业对外开放度和农业产业集聚的外溢作用。

（2）农业产业集聚。该变量系数为 0. 4604，并通过 1% 的显著性检验，说明在其他条件既定时，由农业专业化分工所形成的农业集群发展，整体上有利于生产效率的提升以及农业低碳转型。随着农业区域性特色农产品集群布局与规模化经营，由此而催生的规模效应与正外部性，整体上有利于农业单位产出的提高以及生产效率的改善，更能够有效地推动农业碳生产率的提升。当然，这并非否认当前农业部门所出现的成本高、生产效率偏低等事实，而是本研究发现农业产业集聚对碳生产率增长具有促进作用。

（3）农业技术进步。技术进步有利于农业碳生产率的改善。技术进步有利于农户低碳生产意识的培养并对农业低碳生产方式的选择具有较强的引导带动作用，这对农业碳生产率的积极效应不言而喻。

（4）农作物受灾程度。该变量回归系数为 0.0198，并通过 10% 的显著性检验。结果表明农作物受灾越严重会使得粮食主产区农业碳生产率越低。因此，未来加快完善我国的抗灾防灾机制与农业保险制度，能在一定程度上减少自然灾害造成的损失，缓解其对种植业碳生产率产生的负向影响。

（5）农业财政资金投入。国家农业财政资金投入负向影响农业碳生产率，这与传统经验不一致。不过，王宝义和张卫国（2018）亦有类似的发现。可能的解释是：尽管财政涉农支农投资比重逐步提高，但受限于重复投资或并未投入"节能减排"环节等原因，其对农业碳生产率提升的积极作用难以有效发挥（张广胜，2014）。而在当前农业发展方式粗放、资源能源依赖程度高等现实背景下，农产品出口为满足国际质量标准或特定国家绿色壁垒要求，单位产品要素与能源投入更多，并将农业碳排放留在国内，不利于农业碳生产率提升（高鸣和陈秋红，2014）。

7.4　结论

本章节基于内生增长理论与新经济地理理论，空间面板模型从产业集聚、农作物受灾程度、农业技术进步、制度和政策因素、农业财政资金投入、区域经济发展水平等方面对农业碳生产率增长的决定因素进行了分析。研究发现，现阶段我国粮食主产区需要重视农业生产集中、产业链条延伸所带来的规模效应，并根据不同地区农业发展阶段及集聚类型制定农业发展战略，并将其与农业结构调整相配合，通过技术的创新与进步、优化农业资源与要素配置、完善农业生态保护建设等途径，利用集聚规模经济所带来的空间正外部性，尽量避免规模不经济对社会经济发展带来的环境污染与经济损失等，推动农业低碳转型。

第 8 章
国外低碳农业的实践经验及对中国的启示

围绕低碳农业，各国出台了一系列政策措施。发达国家起步早，相关政策措施系统全面，近年来发展中国家也逐渐出台政策措施以推进低碳农业的发展。欧洲特别是欧盟成员国，在农业减缓气候变化领域走在世界前列，其次是美国、加拿大、澳大利亚和日本等发达国家。亚洲、拉丁美洲、非洲的发展中国家也出台了一系列政策。越来越多的国家正将其转化为战略和行动，目前已有100多个国家提出碳中和目标承诺，并明确了碳中和时间表。梳理世界各国低碳农业发展历程，与我国进行对比分析，总结可供借鉴的经验做法，为我国农业碳中和工作提供参考和决策依据。

8.1　美国发展低碳农业的经验及对中国的启示

美国农业是用现代科学技术装备起来的高效率的大农业，具有生产手段机械化、智能化、信息化的特点（刘恒新，2012）。农业机械化是美国现代农业的重要标志，农业生产燃油消耗份额不容忽视。据美国农业部测算，与食品有关的能源利用占国家能源总消费份额从 2002 年的 14.4% 增长到 2007 年的 15.7%。发展低碳农业，推进农业机械节能减排，是保持美国农业经济持续健康发展的重要举措。

8.1.1　美国发展低碳农业的经验

1. 多方协同推广低碳农业机械

近年来，在美国政府的引导下，各有关农业机械企业、院校、协会等单位和部门采取了多项措施，取得了一定的成效。

（1）联邦政府从新能源供应和限制排放两个环节推进农业机械节能减排。一是联邦政府拨款支持开展可再生能源的研究开发，扶持发展生物燃料提炼厂。2011 年 4 月 15 日，美国农业部与能源部发表联合声明，在 3 ~ 4 年内为先进生物能源以及高价值生物基产品等研发项目提供 3000 万美元资助。美国政府通过税收优惠等措施，鼓励生物燃油加工。二是美国环境保护署对农业机械、工程机械以及舰船、航空器等机械设备发布了新的非道路机动设备柴油机的第四阶段强制性排放标准，设定了标准过渡期和执行期，旨在大幅度减少二氧化碳等废弃物的排放。以 75 ~ 129 千瓦的柴油机为例，要求 2012 ~ 2014 年为第四阶段过渡期，2015 年为正式实施期，每千瓦时油耗最大的氮氧化物排放量为 0.40 克，非甲烷碳氢化合物排放量为 0.19 克，颗粒物排放量为 0.02 克，与第二阶段（2003 年）的标准相比，排放量降低了 90 伏安左右（刘恒新等，2012）。

（2）地方政府对新购置农业机械予以免税政策。密苏里州位于美国中部地区，拥有超过 10 万个农场，盛产玉米、大豆、油子、大米、棉花以及牛、家禽、猪等畜产品，每年所生产的农作物与牲畜价值超过 50 亿美元，是美国重要的农产品生产地区。密苏里州已将玉米和大豆分别用于乙醇汽油和生物柴油的生产制造。密苏里州正在执行一项美国能源部资助，密苏里农业厅、密苏里大学和 EnSave 公司具体实施名为 MAESTRO 项目，该项目通过补贴和低息贷款的办法，刺激农场主改造老旧的电机、泵等高能耗设备，从而实现提高能源效率 15% 以上的目标（刘恒新，2012）。具体内容包括：提供免费的技术援助，在评估农场和家庭能源消耗和编制更新改造规划时，农场主将有可能获得高达 75% 的项目评估费用补贴（评估总额不超过 5000 美元）和 5 万美元以下的 3% 低息贷款，每个农场每月节省能源方面的费用为 500～600 美元。密苏里州政府在商品销售环节一般都要征收 7.5% 左右的消费税，但对农业机械销售环节实施免税的优惠政策，此举大大鼓励了农场主购买新型的农业机械。同时，州政府还允许农场主根据当年农作物的收成情况，自主确定农业机械的折旧率，以减少收入所得税的支出。

（3）农机企业致力于提高燃油经济性和机械使用效率。美国约翰迪尔公司是目前世界最大的农业机械制造商。约翰迪尔公司为适应美国新的排放标准，十分重视产品的技术创新，平均每天的研发投入超过 200 万美元（刘恒新，2012）。在发动机创新方面的措施有：一是研发新型适应生物燃油的发动机，通过生物燃油部分取代化石燃油来减少温室气体排放。目前约翰迪尔公司生产的发动机都能够采用 5% 的生物柴油 + 95% 的化石燃油。二是应用新型技术，如装备专利的风扇驱动、冷却系统，提高燃油效率，降低动力消耗。约翰迪尔公司新一代的 PowerTechPlus 发动机相对原来的发动机，能减少 2%～7% 的燃油消耗，在达到美国联邦尾气排放标准的同时增强了动力性能，并有充足的额外功率储备。在新型技术应用方面的措施有：一是广泛采取复式作业模式，农业机械一次进地可实现多个作业项目，减少辅助作业时间，从而提高机具效率，能降低燃油消耗和废气排放。二是广泛运用全球定位系统，实施数据采集及田间耕作、播种、施肥、喷农药和收获等作业的精确定位，并自动控制农业机械的运动路径和作业参数，以减少重复作业面积和工序，从而达到提高效率和降低燃油消耗的效果。

（4）农业科研院所研发保护性耕作技术。美国是世界上最早研究和推广保护性耕作技术的国家。美国在 20 世纪 20～30 年代就利用大型机械翻耕大面积农田，一场著名的"黑风暴"从美国干旱地区刮起，席卷 2/3 的美国大陆，刮走地表层 10～50 厘米厚度的肥沃土壤 3.5 亿吨，冬小麦减产 51 亿公斤。1935 年美国成立了土壤保护局，从此开始研究改良传统翻耕耕作方法，探索实行保护性耕作技术。保护性耕作的核心内容是放弃传统深翻或轮耕作业，采用免耕少耕、秸秆覆盖等技术，可以明显减少土壤风蚀，增加雨水积累，从而大大缓解了传统耕作对生态环境破坏的压力。同时，原来农作物从耕种到收获一般需要农业机械 7 次进地作业，如今只需要 3 次（播种、植保、收获）就可以了，从而减少了农用燃油的消耗，也实现了农业机械节能减排目的。有报告显示，采用传统耕作方法种植玉米每公顷消耗燃油 34.57 升，而保护性耕作方法仅需 18.6～24.7 升。联合国粮农组织称这种耕作法为新的耕作革命。据美国保护性耕作组织近期报道，美国至少有 50% 的耕地实行各种类型的保护性耕作，其中作物残茬覆盖耕作占 53%、免耕占 44%。截至 2010 年底，美国保护性耕作实施面积达到近 3000 万公顷，保护性耕作作物种类包括玉米、小麦、大豆等常规作物，以及棉花、蔬菜、马铃薯、番茄等经济作物，主要采用免耕、少耕、垄作免耕等技术模式（刘恒新等，2012）。

（5）行业协会积极推广低碳农业技术的应用。密苏里州农场局（MFB）是一个州级民间性质的农业协会，是美国农业协会（AFB）的一个分支机构。AFB 的总部设在华盛顿，负责收集全国各州农业协会提出的意见和建议，在农业税收、环境保护、政府投入等方面代表农户与国会打交道，争取有利的扶持政策。MFB 成立于 1950 年，现有 11.2 万名会员，其中 50% 是农民会员，包括玉米、大豆、棉花等种植户和牛羊养殖户。

每名会员需缴纳年费32美元（刘恒新，2012）。MFB为会员提供4方面的服务：一是代表会员的利益，参与全国性和密苏里州农业政策的评估与制定。二是向会员提供最新的农业技术、农产品价格等信息服务和农业保险。三是通过实施项目，向会员推广普及先进适用的农业技术。四是向年轻农场主提供学习培训机会，使其成长为职业农民。农场局还鼓励农场主之间开展合作互助，共同使用大型农业机械，以提高机具利用效率。在MFB的引导下，密苏里州近20年来保护性耕作发展很快，免少耕面积占全州耕地面积的比例已由过去的20%上升到现在的80%。密苏里州玉米种植者协会（MCGA）成立于1978年，是一个致力于增加玉米生产利润的农民基层组织。其主要职责包括：一是参与政府与玉米法案相关的工作；二是发展和扩大玉米市场；三是收集和发布玉米生产的相关信息；四是相关组织和产业建立联盟。近年来，协会致力于生物燃料（如玉米乙醇）的研究与市场需求调研，教育农民和消费者增加对乙醇生产等农业产业的了解，向农户推荐统一的种植品种和种植模式，推广使用先进的玉米耕种方法和秸秆处理办法，以保护环境和提高利润。密苏里州大豆协会（MSA）是一个全州范围内的组织，旨在代表密苏里州大豆生产者的利益。通过宣传立法、公共政策措施和全州的教育培训工作来增加密苏里州种植大豆农民的盈利能力，可影响密苏里州大豆生产的公共政策。在低碳农业技术方面，大豆协会致力于解决由大豆生产生物燃油的研究和市场需求调研，通过对农民进行培训和对消费者进行培训，促进基于大豆的生物燃油的应用和发展。参与和促进环境保护工作，帮助农户采用先进的耕作方式（如免耕、秸秆覆盖等），改良农田土壤。

2. 温室气体减排技术与管理创新

（1）技术创新。

农业机械化生产是助生温室气体的一大来源，为此美国积极开展有关农业温室气体减排技术创新，经过长期反复研究，免耕播种机的面世将农业中免耕、休耕、少耕等农田间保护性耕作变成现实。所谓保护性耕作是独立于传统农田翻耕技术的一种全新技术模式，其可通过将大量作物秸秆、残茬覆盖于土壤表面而使耕作减少到仅能够确保种子发芽的程度，同时采用农药抑制杂草生长及病虫害侵染的一种耕作技术模式。美国少耕和免耕土地占耕种面积近 3/5，这样的耕种比例既有利于保水保土，增强土壤固碳能力，又能较大限度地提升土壤中碳的储存量。同时，由于美国土地休耕政策的广泛推行，农民无须担心土地闲置问题，而将注意力更多地转向地表植被的自然生长覆盖方面，日积月累，便实现了退耕还草、退耕还林的目的，较大限度地增加资源的碳汇收益。另外，美国根据大量试验结果测算土壤中肥料的用量、比例并据此立法界定使用上限，通过综合考量农民生产中的需求而对肥料进行专项生产储备等，进一步实现低碳农业发展中的技术支持。

（2）管理模式创新。

美国在实现作物空间管理模式创新领域贡献颇大。近十年，美国农场数量逐渐下降，在 1935 年达到最高点 680 万个，1974 年降到 230 万个，2004 年只有 211 万个。同时，农场占有土地总量也从 1954 年的 12.06 亿英亩（1 英亩 = 0.405 公顷）降到了 2002 年 9.38 亿英亩（李玉梅，2016）。为此，美国政府开始创新作物空间管理模式。例如，将豆科作物与其他主要作物进行轮换耕种，进而实现降低二氧化氮等温室气体排放、增加碳汇效益的环保目的。另外，为了加强稻田田间规范化管理，美国实施了科学分析水稻生长特性、培育新品种作物、根据水量丰沛程度调整田间有机物残留等具体措施。

20 世纪 30 年代，由于干旱和农业过度发展，美国中部地区水土流失严重，大平原植被和土壤被严重破坏，引发大规模沙尘暴事件。为了改变困境，适度发展农业，美国采用天然生物固碳及堆肥的培育方式，给土壤及时、有效地补充养分，再配以人工种植植被手段，迅速地恢复了破坏前的原有模样。除提出固碳理念外，美国当地还通过定时跟踪、精准定位并进行系统预报，及时地做到根据作物自身需要量调整肥料使用率，并根据精准定位理念找出各类植被最易吸收肥料的部位进行施肥，以减少肥料流失或避免施肥过量，从而实现了农业温室气体的减排管理。

3. 政府宏观调控层面

（1）组织层面支持。

近年来，国际上对全球能源供需和温室气体排放问题越来越关注，国际能源署、亚太能源研究中心、美国劳伦斯伯克利国家重点实验室等国际组织针对能源及二氧化碳排放问题开展了深入研究。值得强调的是，政府组织的支持更能带动整个低碳农业的发展，一方面，可通过推行森林保护、森林再造等政策导向增加碳汇；另一方面，可提供环境、社会保护等的服务性指导，并积极搭建技术转让平台，进而为低碳农业发展提供坚实的组织后盾。美国政府在对低碳农业进行宏观调控、提高农业劳动生产率、改善资源保护等方面取得了显著的成效，这与部门隔阂较少、农业部实行一体化的管理等因素不无关系。另外，农业合作社是美国低碳农业生产经营服务的一个重要组织力量。

（2）财经层面支持。

美国政府在经济、金融方面提出财政专款政策，用于鼓励选择低碳生产方式、为碳减排做出贡献的农民，并对减排技术开发、培训等项目的实施提供专项资金帮助，以解决美国农业减排技术研发的资金缺口问题。低碳农业发展也少不了国际组织的经济支持，其中，世界银行、芝加哥气候交易所等给予了碳减排道路上的资金帮助。据统计，美国采用免耕后每年每英亩减少碳排放量达 0.17 ~ 0.35 吨，在芝加哥气候交易所参加碳汇交易的美国农民也相应获得了约为每年每吨 3.5 美元的收入，这在无形中增加了农民收益，同时达到了农业经济创收和环境保护的目的（张开华，2012）。

（3）政策层面支持。

美国政府的农产品价格补贴政策是通过制定完整的农作物生产计划及与农民订立基价合同方式鼓励农民实行低碳生产，并针对低碳生产过程中休耕、少耕后产生的减产问题及市场价格走低时的收入损失，给予目标价格定向收购以减缓农民的后顾之忧，鼓励农民优先选择低碳农业生产方式。另外，美国政府对农民期初登记的基期补贴面积和产量给予直接补贴，对出口农产品给予价格补贴和税收补贴，实现了低碳农业的新市场与新生态。

美国的税收激励政策主要凸显在个人所得税及销售税两方面。在农民个税方面，美国采用纳税额抵免增收方式，容许农民在申报所得收入时，先扣除"现金记账法"下的生产性支出后再进行税款的计算及缴纳，以最大限度地降低农民的个人税负（熊冬洋，2011）。同时，国家规定对农民个人及技术交流过程中涉及的农产品转售销售税给予减免，从而增强碳减排农业对农民的吸引力，最终促进低碳农业的发展。

美国农业资源保护专项政策对化肥施用等做出了严格界定。其中，明文禁止生产和使用对人类生产生活有害的化肥、农药并着重突出对农药的使用管理。同时，严格制定农业温室气体排放标准，对超标排放现象给予严厉处罚，并配以土地休耕计划，加强土壤长久性、生态性保护，以实现退耕还林、循环利用、植被保护等的环境可持续发展。

8.1.2　美国发展低碳农业对中国的启示

1. 改变农业生产方式

低碳经济是以低能耗、低排放、低污染为基础的经济模式，发展低碳经济是正确处理经济发展与保护环境关系、实现可持续发展的要求。低碳、无公害农业在美国已成为最基本的需求和最低的限制性标准。此外，美国对生态环境保护和发展提出了更严格的要求。中国应进一步调整农业产业结构，实施保护性耕作，大力发展生态农业，科学使用农药、化肥和饲料等工业产品，减少化肥、农药施用量和农用机械的能耗量，实现经济循环发展。

2. 推广低碳农业新技术

通过学习美国的先进技术，制定针对性的对策能有效减少农业温室气体的排放，达到减量的目的。中国要基于小农经济的基础，重构低碳农业这种新型发展模式的技术服务体系，审时度势地制定低碳技术标准，结合免耕技术、灌溉节水技术、新型农作物育种技术等方面创新，开发出效能更高、操作性更强的低碳农业新技术。

3. 修订相关法律法规

美国在低碳农业发展制度体系上奉行法律法案制定与修改及时性及完善性的原则，为国家新型农业发展提供了支持。中国应充分借鉴美国先进政策导向，以带动国内低碳农业市场的未来发展。在现阶段，中国也有诸如《中华人民共和国环境保护法》《中华人民共和国农业法》等相关法律，但相较之下，略显理论化，实际操作性不强。因此，应积极修订现有法律法规，注入新的低碳农业理念，以便多角度、全方位地诠释低碳农业。

4. 制度构建与创新

（1）市场机制构建与创新。美国提出并推行碳交易制度再一次实现了国内农民的增收，因此，此项制度也可以成为中国学习的着力点。国内低碳农业作为一种全新升级化的农业生产方式，应更加高效、便捷，为实现基于市场机制的可持续创新发展，其构建理念应主要涵盖碳补偿机制（其核心就是增加碳汇、减少碳源），碳排放权交易机制，配额碳以及自愿碳交易机制等方面，最终实现碳交易的国内及国际市场化管理，以达到与世界的并轨。

（2）金融制度构建与创新。美国对金融制度、财政专款制度的倾斜排除了农民在经济上的困扰，使其可以全身心地致力于低碳农业的深入实行，进而实现农业发展与农民增收，这也正是中国发展"三农"产业的主要目的。中国政府应首先提倡低碳农业金融模式的创新，开展"三农"绿色信贷业务，建立政策激励及风险补偿机制，并通过合作社主导，金融主体注资及与第三方机构保障三者有机结合，最终完成低碳农业金融制度的改革创新，从而实现项目的最终实行。

（3）财政税收体制构建与创新。美国所得税、销售税的税收支持收效显著，它不仅能做到鼓励农民引进新技术增加农作物产量，还在农产品出口等领域增加税收优惠政策，以最大化实现国家农业经济新的增长点。中国也应在税收方面给予相应支持从加大公共财政投入总量、完善现行税收补贴制度、重构资源税种及建立财税绩效评价机制等方面着手，加大财政税收的保障力度，以便更好地显现国家的经济方针及农业发展战略，更好地为低碳农业的发展提供政策支持。

（4）全方位监管机制构建与创新。建立完善的审查监管机制，一方面，可以加大对农村金融机构本身的监管力度，避免人为审批漏洞；另一方面，还可以有效地检验技术、市场、税收等制度创新的适用程度，以便为便捷、高效地发展低碳农业把好关，站好岗，进而实现中国低碳农业大踏步地前进并最终取得显著成效。

8.2　欧洲发展低碳农业的经验及对中国的启示

欧洲国家大多于 20 世纪初进入工业文明、城市文明时代，经济发展过程中也早已经历了高能耗、高污染、高排放的"高碳"时期，社会各界对于"低碳"概念往往更易接受。低碳农业作为低碳经济在农业领域的重要衍生物，在欧洲国家早已深入人心，各国政府也积极实施低碳农业政策（田云，2015）。1992 年，联合国制定了《联合国气候变化框架公约》，此后欧盟便积极展开行动，在《联合国气候变化框架公约》约束下开始农业环境治理。

当前欧洲的低碳农业政策主要是以《欧盟共同农业政策》为中心。1992 年，欧盟首次在《欧盟共同农业政策》中，明确提出了低碳农业的相关环境保护策略，对退耕还林农户给予了一定的政策补偿。其中的《农业环境法》则对低碳农业发展提出了相应的规范措施，并对环保饲料、牛羊面积承载量等给予补贴（舒畅和乔娟，2014）。2003 年，《欧盟共同农业政策》中对农场管理及土地管理提出了相应的环境要求，重点强调金融信贷支持，为农业生产者创建良好的农业政策环境条件。各个成员国的农业环境法令严格按照欧盟低碳农业的发展总要求，经过近 20 年的治理，欧洲的低碳农业发展取得了显著的发展成效。截至 2015 年，欧洲国家的二氧化氮排放量与 1990 年相比下降了近 40%，二氧化氮的利用率由原来的 25% 提升至 60%，甲烷排放量下降了 45% 左右，农业生产活动中碳排放量下降了 42.2%。近年来，欧洲各国还在加快新能源技术的开发，能源消耗量不断降低，温室气体排放量减少了近 1.5 亿吨。除此之外，欧洲各国力主推行农业补贴政策，使得农业生产者的环保意识有所增强，不仅广泛参与到低碳农业发展进程中，而且积极使用新能源，为耕地保护、生态环境改善做出了重要贡献。具体而言，英国、法国、德国等也都在积极践行欧洲的相关政策措施，推动低碳农业发展（Chen et al.，2012）。

8.2.1　欧洲发展低碳农业的经验

8.2.1.1　英国

英国作为《联合国气候变化框架公约》（UNFCCC）的缔约国之一，

早在 1994 年，英国就发布了《气候变化纲领》，设定了到 2000 年减排 1000 万吨二氧化碳的目标。在 2003 年，英国政府又发布了第一份能源白皮书——《我们能源的未来：创建低碳经济》，除了概述英国未来 50 年的能源政策外，还提出了到 2050 年英国二氧化碳排放量将削减 60% 的目标。在 2008 年颁布并于 2019 年修订了《气候变化法》，成为世界上第一个用法律形式确定净零排放（net zero）目标的国家。2009 年，英国提出了《低碳转型发展规划》白皮书，明确提出到 2020 年实现农业废气物温室气体排放量降低 6%（魏博洋等，2013）。基于低碳减排目标要求，英国不仅成立了碳基金，而且还开征气候变化税，制定了气候变化协议等。2019 年，英国国家农业联盟（National Farmers' Union，NFU）宣布，英格兰和威尔士地区的农业碳排放将在 2040 年实现"净零"。英国系统推进农业低碳转型的规划方案与路径，主要可以概括为以下两方面。

（1）推动低碳农业生产技术。

一方面，根据英国环境食品及农村事务部（DEFRA）发布的相关数据，2018 年英国农业的整体温室气体排放量约为 0.46 亿吨，占英国温室气体排放总量的 10%，排在交通、能源、商业和住宅建筑之后。其中，源于农业的二氧化碳总排放量占全国的 1.6%，氧化亚氮总排放量占全国的 70%，甲烷总排放量占全国的 49%。[①] 从数据中不难看出，与其他生产部门相比，农业是甲烷和氧化亚氮等高温室效应气体的主要排放源。另一方面，英国商业、能源和产业战略部（BEIS）公布的数据显示，2017~2018 年，英国农业温室气体排放量仅下降了 1%，这同时意味着农业进行减排的进度相对较慢，减排空间仍需挖掘。

---

① 资料来源于英国环境、食品和农村事务部（DEFRA）于 2018 年 1 月 11 日发布的《绿色未来：英国改善环境 25 年规划》（*A Green Future：Our 25 Year Plan to Improve the Environment*）。

为改变英国农业部门在碳中和行动中的被动状态，以便在 2040 年之前实现向零碳排放农业的过渡，英国气候变化委员会（Climate Change Committee，CCC）提出了三个层面以技术为关键杠杆的方法框架：一是通过多种措施，实现提高农业生产力的同时减少碳排放，包括改善粪肥管理，改进牲畜和耕种生产方法，减少相关建筑物和农业机械的碳足迹等。二是种植树木，保护和修复土壤，增强农田的碳吸收能力与储量，如种植更多适当的能源作物，恢复土壤有机碳以提高土壤肥力，以及恢复泥炭地等。根据英国气候变化委员会的一项建议方案，英国到 2050 年要将 1/5 的农业用地转用于自然修复（朱琳，2021）。三是增加可再生能源和生物能源的使用，以及通过自行种植芒属植物等生物能源作物，实现能源的自给自足，并在增加生产作物多样性和预防土壤有机碳流失的同时实现额外收入。上述一些措施已在英国各地的农场得到陆续采用，如部分农场已在尝试改用少耕技术、耕地轮作休耕制度和太阳能驱动的自动光电机械等，兼有畜牧养殖业务的部分农场则开始选择养殖具有更高饲料效率的杂交牛品种等。

（2）细化低碳农业激励政策。

英国通过积极的财政支持与补贴减免政策推进低碳农业发展。2002～2004 年英国政府在清洁能源的研发上直接投资 2.5 亿英镑（1 英镑约合 8.94 元人民币，2017 年），而在 2009 年，英国制定的《低碳转型计划》明确指出，要继续支持可再生能源研发。不仅如此，英国还在 2001 年开征气候变化税，因气候变化税的实施，英国每年减少碳排放量高达 250 万吨（杨筠桦，2018）。此外，英国还对农场周边的河道、树木等进行保护并给予农民补贴。农业生产者在农业活动中若减少氮肥使用量，那么政府则会按比例给予相应的补偿；若不使用氮肥，将实施大额度补贴。与此同时，还通过多种政策鼓励农户实施保护性耕作。

目前英国正在陆续规划两种类型的系列政策，除了针对性较强并直接应用于农业、林业、泥炭地和其他形式土地使用及管理的相关政策外，英国还在研究制定范围更加宽泛的国家脱碳战略、能源政策，以及寻求改变人民饮食行为以影响未来食品市场的倡导性方案。这其中，减少食物浪费被认为是可以降低农业碳排放的关键政策途径之一。英国政府公开数据显示，英国每年会有 450 万吨粮食遭到浪费，这些浪费会造成超过 2500 万吨的温室气体排放（朱琳，2021）。为此，英国政府已经开始和地方议会、企业、可持续发展领域的非营利组织合作，以期共同开展公众意识倡导活动，并为居民提供按期的废弃食物收集服务。此外，英国还在尝试通过增加市场激励措施的方式，鼓励农业从业者更积极地参与，并支持更多在环境土地管理方面的市场投资。英国气候变化委员会提交给英国政府的顾问报告指出，虽然英格兰、苏格兰、威尔士等英国不同地区具体的政策制定侧重点各有不同，但都应该包含三个方面：一是向农业和林业提供选择性的资金补贴，奖励包括碳管理在内的公益服务；二是鼓励培训并使用碳盘查、碳审计和减排规划工具，并根据可证实的环境改善成果来提供补贴或激励款项；三是增强对农业问题的研究投入，启动更多的试点计划，同时为农民提供高质量和可信赖的信息咨询、培训和指导服务，加强提升农民对低碳农业措施的接受度，推动农民网络组织的形成和有关倡议的发起。

英国现阶段在推动农业绿色转型过程中面临的一大挑战是尚无针对农业的统一碳排放数据统计标准。目前，英国政府部门主要通过对高质量工具进行宣传来鼓励各界从业者自发选择适用于自身情况的碳盘查方式，普通农业从业者多选择酷农工具（cool farm tool）或农场碳工具包（farm carbon toolkit）等可以在线使用的互联网工具，一些资金充足的农场则会采用更为专业的碳排放计算方式，如位于南约克郡的波利贝尔（Pollybell）农场（英国最大有机蔬菜和谷物种植商）就在其现有的轮作农场土地上安装了通量塔以监测温室气体排放量。

8.2.1.2　德国

（1）构建完善的法律框架体系。

德国在能源开发和环境保护等方面处于世界领先地位。德国是欧洲国家中低碳经济建设法律体系最完善的国家之一，德国严格遵循《欧盟生态农业条例》，并通过构建完善的法律框架体系，推动低碳农业政策。在20世纪70年代，德国就开始制定《环境规划方案》，包括《联邦控制大气排放法》《废弃物处理法》等环境法案。2000年又颁布了《可再生能源法》，随后数十年，《可再生能源法》历经多次修订，从2000年的12项条款到2011年的66项条款，成为可再生能源立法领域的典范之一（张春敏和刁振飞，2016）。具体到低碳农业方面，从20世纪90年代开始，德国就开始支持工业原料作物开发，每年都会拨巨款用于发展种植可替代矿物资源的工业原料作物。2007年，德国提出了能源与气候一揽子计划（IECP计划），计划通过29项关键事项和14项法规的修订，提出2020年的温室气体排放量要比1990年排放量降低36%。2009年，德国颁布了《二氧化碳捕捉和封存法案》，进一步将法律法规具体到作物种植领域。

（2）完善财政支持与补贴减免政策。

德国于1994年开始开征生态税，以改善生态环境、推进可持续发展战略。同样，自20世纪90年代开始，德国就开始制定政策鼓励种植工业原料作物，并通过财政予以扶持。德国政府还建立了农业碳交易机制，农民可以通过降低农田碳排放量赢得国家许可，获得一定的补贴。此外，德国还在坚持"气候保护高技术战略"，投入10亿欧元研发气候保护技术（杨筠桦，2018）。

（3）规范农业生产与重视技术创新。

除了进行科学规划外，德国在农业生产环节还进行了具体的规范与引导，重视技术创新在农业生产的重要作用。

德国关注农业生产环节的低碳发展，如对养殖环节当中牲畜及其粪便的管理做出了明确的说明；在化肥、农药以及除草剂等使用上做出了明确规定等。注重厌氧技术的开发，强调对废气、垃圾等的综合利用，在低碳技术研发如风能、太阳能等方面投入了大量的资金支持（Hey，2012）。实施了免耕法、少耕法，强调降低农地耕作幅度，采取保护性耕作政策，改善土壤质量，降低二氧化碳排放量，支持低碳农业发展。

作为世界工业强国，德国在农业技术方面处于世界领先地位。一直以来，德国都非常重视现代科技对低碳农业的推动作用。在德国，遥感技术、生物技术等广泛用于农业生产，高新技术的应用极大地提升了德国的农业经济效益，也推动了德国低碳农业的发展。从 20 世纪 90 年代开始，德国就开始支持工业原料作物开发，德国政府每年在工业原料作物种植业项目中投入 40 亿欧元，支持该技术的创新发展，建立了专门的生物质能源中心，使低碳技术得到了前所未有的发展（Hey，2012）。

8.2.1.3　法国

在 20 世纪 70 年代，法国就开始注重农业与生态的协调发展，制定环境保护政策，并设立了自然和环境保护部。据统计，法国人均温室气体排放量比欧洲平均水平低 20% 左右（李玉梅，2016）。2003 年，法国制定了《可持续发展国家战略计划》，进一步将环境保护提升为国家战略；2008 年，法国政府颁布了《生态农业 2012 年规划》，从设立生态基金、提供免税待遇、加强技术扶持等方面促进生态农业发展。2009 年，法国通过了以发展低碳经济为核心的新《环境保护法草案》，提出要充分发展生态农业，降低农业温室气体排放量，到 2013 年将生态农业的比重提升至 6%，到 2020 年达到 20%（张春敏和刁振飞，2016；漆雁斌等，2013）。法国在农业生产环节的规定极为细化。2009 年，法国出台了《农业手册》，对农业生产的各个环节均进行了详细的说明，包括农药、肥料、种子等均提出了严格的要求。不仅如此,《农业手册》还强调了农业市场的规范化发展,对市场上的农药产品进行全面的审核、考察,对不合格产品进行严格整治。《农业手册》在应对自然环境恶化和资源枯竭、推进生态农业发展方面取得了显著成效。2010年法国推出可再生能源投资计划,提供13.5亿欧元支持可再生能源以及生物质燃料技术领域的研发工作。法国还在2000年设立了节能担保基金。不仅如此,还设立了生态基金,通过提供免税待遇推进农业向低碳方向转型。

8.2.2 欧洲发展低碳农业对中国的启示

(1)政府引导、扶持,法律法规保驾护航。

基于欧洲国家低碳经济的实践经验,必须充分发挥政府的引导力量,通过政策法规及相关制度的建立,推动低碳农业发展,为社会经济发展注入新的时代动力。要根据中国的发展实际,制定相应的低碳农业政策目标,加强全社会对节能减排及环保问题的认识。当前,中国正处于经济发展的上升期,农副产品需求量逐年增长,为了确保食品安全,满足人们的物质生活需求,要明确划定农业碳排放底线,降低农业生产污染与能源消耗,进而对生态环境起到保护作用。低碳农业的主要目标是,减少农业生产环节中二氧化碳和其他温室气体的排放,要求在农产品生产、加工和销售环节中减少和杜绝有害物质使用,注重农业生产过程中物质能量减量化,强调生物有机肥替代化学肥料等,注重节能减排。

(2)进一步健全、完善多元化的减排政策。

要对当前的农业减排政策进行完善,制定具体的保护性耕作与规模化生产策略,加强清洁能源生产,各个部门各司其职,加强监管。政府必须给予相应的政策补贴或税收优惠等,降低低碳农业投入成本,鼓励农业生产者积极转变传统的农业生产方式。技术在低碳农业发展中有着极为重要的作用，作为政府部门，要加大财政资金支持力度，加强对低碳农业生产技术的研发，为低碳农业发展提供必要的技术支持。不仅如此，要实施多元化农业减排补贴政策，充分利用政策工具，发挥政府职能，制定农业节能减排补贴政策，政府部门要加大对低碳农业生产的投入力度，为农户提供补贴，鼓励农户参与到低碳农业生产活动中，增强社会资本的参与性。除此之外，还可以建立低碳农业试点，在重点农业生产区域实施低碳农业政策，规范生产，将低碳农业贯穿到生产、加工、运输等各个环节，确保低碳农业各项工作的充分落实。

（3）着力构建低碳农业生产体系。

要加强低碳农业技术的研发与推广，积极构建和完善低碳农业的生产体系，具体包括对种植业、养殖业的低碳化改革，积极推动本地消费，减少长距离运输，实现农产品运销环节的低碳化；强化低碳农业技术的研发与推广，整合农业清洁能源技术、重视土肥低碳技术、开发林草增汇技术，改革和完善农业技术推广体系。尤其需要引起重视的是，农民是发展低碳农业的主体，是农业技术的实施者，因此，要加强对农民发展低碳农业的技能培训，大力宣传、推广低碳农业相关知识，倡导发展低碳农业。

（4）开发科学可信的农业碳排放计算工具。

随着食品链条中的各类商家陆续开始宣布自己的碳中和目标，作为源头的直接农业生产者将会在未来面临更多关于碳排放信息的新要求。数据核算标准的通用化与统一化是实现有效信息收集与联通的基础，这一问题如不解决，便很可能会影响到其他建立在该基础上的相关政策的落地执行。因此，推进农业的低碳转型必须要加强科学标准在验证碳排放数据方面的作用，同时在考虑到农业生产种类、规模、产量、地域等方面存在差异的情况下，努力提高标准的可用性和一致性，尽可能为农民及其他相关从业者提供减排的实现环境，以及提供促进可持续经营的数据依据。碳排放数据的价值不仅在于可以使生产单位获得其排放及减排的相应证据，还在于监测碳减排或碳捕获措施的进展、成本及效率，并根据相关数据作出进一步的措施调整。随着技术的不断改进，相关数据还可以为更广泛的行业提供信息，譬如可以使农业生产作物从源头上参与碳标签机制。另外，基于可靠证据的措施政策也会增强农民的信任与信心，通过跟踪实施碳减排取得的进展，农民的参与积极性也可能得到相应提高。因此，开发具有科学可信度的农业碳排放计算工具非常重要。

欧洲推进农业低碳转型的路径规划与挑战启示我们，在应对气候变化挑战时，尤其应充分重视挖掘农业低碳转型的新经济机遇，积极开发有利于减排的创新农业技术和碳排放计算工具，为农民开拓更多收入途径，提升农业生产者的参与积极性。这一目标的达成尤其需要政府开展顶层规划，发挥政策引导作用，同时也需要相关企业、农业技术研究机构、农业相关的产业发展机构、农民群体等多方协同，在低碳农业实践中创新技术方法，释放农业助力碳中和的潜能。

8.3　澳大利亚发展低碳农业的经验及对中国的启示

澳大利亚是外向度很高的农业发达国家，其在推进农业现代化的过程中始终十分重视农业低碳发展。

8.3.1　澳大利亚发展低碳农业的经验

（1）合理利用自然资源。

澳大利亚十分重视农业资源的利用与保护，从农业布局到具体技术措施都围绕着合理利用农业资源、保护农业环境进行。一是努力提高耕地质量。近10年来，该国政府每年投入5000万澳元，支持耕地质量提升技术研发。以保护性耕作技术为例，政府对购买免耕播种机的农民补助10%的购机费，对改传统播种机为免耕播种机的农民补贴50%的技术改造费用。经过十余年的发展，澳大利亚实施保护性耕作技术的耕地面积已占80%。[①] 实施保护性耕作技术，在改善耕地土壤结构、提升有机质含量的同时，能够节水30%～40%，促进粮食增产20%～30%（农业部科教司考察团，2014）。二是有效节约水资源。在农业用水方面，澳大利亚规定灌区内的农户对灌溉和畜牧用水拥有的使用权与其拥有的土地面积相挂钩。同时，在灌区内建设和完善用水信息计量监测系统。例如，在新南威尔士州部分重点监控的农业灌区内，地表水用水计量设施普及率达94%，地下水用水计量设施普及率达34%[②]。三是推行适宜的耕作方法。许多农场在麦茬地放羊，以羊粪肥田，并利用豆科植物，实行麦豆轮作，促进耕地资源合理利用。四是平衡土壤营养成分。澳大利亚土壤缺乏活性的硼、铜、锌、锰等微量元素，影响作物的生长和羊毛的产量与质量，通过增施微量元素肥料，提高耕地产出率，效果显著。

（2）建立农业可持续发展基金。

澳大利亚建立了保护生态环境用途的公共基金，各级政府可以从中获得资金支持。例如，为了恢复和保护生态环境、减少地方政府在事权和财权上的相互推诿，1997年澳大利亚环境部和农牧业部共同成立了预算总额为15亿澳元的自然遗产保护信托基金会[③]。该基金会通过对项目提供资金帮助，带动了其他资金的投入，促进了联邦和州两级政府在自然资源管理、环境保护和农业可持续发展相关政策的协调和统一。在农业方面，该基金近年来的最重要贡献是改善了澳大利亚农业主产区——墨累·达令盆地主要河流的生态系统和水体质量。在这个区域，信托基金会提供资金

---

①②③　资料来源于2012～2013年度中澳农业交流团的《澳大利亚低碳农业考察报告》。

以鼓励农民使用生物防治、天然农药、低氮低磷化肥等环境友好型技术，同时为农民从事生态恢复的投工投劳支付报酬。经过 10 年的努力，盆地内土地盐碱化趋势得到遏制，河流局部蓝藻暴发事件大大减少，墨累·达令流域河岸生态系统基本恢复。

（3）开展农业生态补偿。

澳大利亚向潜在排放污染或破坏生态的农业生产者征收一定的税收，用来补偿其对生态环境的破坏。例如，澳大利亚针对畜牧业的温室气体排放，向畜牧业生产者征收一定的税收。近年来，政府还探索实施"押金—返还"制度，实现对生态的补偿。例如，规模化畜禽养殖企业生产之前必须缴纳一定的押金，保证将其畜禽粪便转化为有机肥，并合理施用到田间。这样，企业在某一地区生产，就必须租用一定面积的耕地来消纳粪肥。而且，押金是否返还给企业必须通过验收来决定，通常是将土壤质量同邻近未遭破坏的相似区域进行比较。如果企业未能通过验收，那么保证金就会被罚没，充实到农业可持续发展基金中。为了避免加重企业负担，澳大利亚政府并不要求用现金支付保证金，而是通过银行或其他经认可的财政机构采用全额担保的方式实现保证金的财务担保。

（4）建立农业生态产权交易市场。

由于大面积垦荒和过度放牧，澳大利亚的森林草原覆盖面积一度萎缩。为解决这个问题，澳大利亚政府探索开展市场化的生态产权交易。新南威尔士州就在碳汇产权交易方面取得了十分明显的成效。该州建立了世界上最早的碳汇市场。在这个市场上，二氧化碳排放较多的造纸、钢铁等企业既可花钱购买其他企业的指标，也可以购买森林、草原等农业资源所有者的碳汇产权。配合碳汇市场，该州通过立法赋予碳汇产权法律地位，对超标碳排放者加重处罚力度。澳大利亚联邦政府将新南威尔士州的经验推广至全国，国会于 2011 年通过农业碳汇首次授信法案，规定农民和其他土地经营者可以通过保护森林、草原甚至合理耕种农作物而获取碳汇信用额度，其他碳排放者可以通过市场从农民手中购买碳排放额度。这样，农业的生态价值就通过市场化的产权交易方式得以实现。

（5）发展生物质能源产业促进温室气体减排。

为了应对气候变化，减少温室气体排放，澳大利亚政府通过制定税收减免和生物燃料配额制消费等政策，大力推进生物质能源发展。澳大利亚生物质能主要以非粮农作物和畜禽废弃物、林产品及废弃木材，以及藻类、水黄皮、短期轮作的灌木桉树等新型能源作物为原料，生物质能源的种类主要包括生物燃料、燃气、生物发电等。澳大利亚政府明确规定消费者使用含有燃料乙醇的汽油，每升免税36澳分。新南威尔士州要求所有的交通燃料中必须加入6%的生物乙醇燃料。根据2014年农业部科教司考察团的调查，生物质燃料已经占整个澳大利亚交通运输燃料的0.5%，通过对废弃木材等生物质热化学转化产生的生物电已接近澳大利亚年电力消费的1%。[①] 尽管比例不是很高，但澳大利亚各级农业部门都对生物质产能特别是新型能源作物的规模化持乐观态度。例如，藻类每年可生产3.96亿升生物柴油，水黄皮每年可生产0.9亿升生物柴油，二者相加可以替代4.2亿升化学柴油，约占目前澳大利亚化学柴油使用量的23%；生长周期较短的灌木桉树每年可以生产4.3亿升乙醇，可折合2.9亿升汽油，占目前澳大利亚汽油年使用量的15%，或者可用于生产20.2亿千瓦电能，约占目前该国年发电量的9%。[②] 与玉米、甘蔗等传统生物质能源原料不同，新型能源作物可以种植在比较贫瘠的土地上甚至污水当中，在带来经济效益的同时，也可以稳定生态系统。例如，水黄皮可以种植在沿海的盐碱地上，藻类可以直接在污水中生长，二者都可以清洁土壤和水质，提高土壤质量。灌木桉树可以种植在沙漠邻近地区，既可以防风固沙，又能够改造局部小气候，甚至能够改造沙漠。

---

①② 资料来源于2012～2013年度中澳农业交流团的《澳大利亚低碳农业考察报告》。

（6）加强农业可持续发展的科技创新。

第一，澳大利亚加大资金投入，鼓励节水农业、循环农业方面的科技创新。近年来，澳大利亚每年投入3000万澳元研发地面灌溉技术、滴灌和微喷技术，以提高农业用水效率①。同时，大力研发生活废水的处理和再利用技术，促进水资源循环利用和环境保护。第二，澳大利亚积极选育栽培非粮能源作物。在农业部门支持下，澳大利亚已经成功培育了一种"能源甘蔗"，其乙醇转化效率大大高于普通甘蔗，而其水土保持的生态效益也远远高于普通甘蔗。第三，为了防止能源作物与粮食作物争地，澳大利亚政府重点支持畜禽养殖粪便的能源化利用。通过收集畜禽养殖粪便等废弃物来生产沼气，将偏远地区生产的沼气集中到气网进行再分配，送到大中城市，能源利用率提高近80%②。

（7）完善政府治理机制。

澳大利亚在农业低碳发展上取得的成就，不仅取决于其丰富的农业资源条件，更重要的是与完善的政府治理机制分不开。1996年，澳大利亚将初级产业与能源部调整为农渔林业部，并赋予农渔林业部资源管理的职能，这在很大程度上保护和改进了农业可持续发展的自然资源基础。改革后的农业管理体制有两个主要特点：一是注意形成农业生产加工、销售一体化的管理体制，避免管理职能的交叉、分散、重叠，从体制上确保农业的竞争力；二是强化农产品的质量管理，建立可追溯体系和法规，加强过程监控，从制度上确保农业安全。近年来，加强对农民的生产经营销售服务，减少政府对农业的干预，大力保护生态环境和生物安全，实现农业可持续发展，成为澳大利亚农业部门关注的焦点。

（8）发动社会广泛参与。

在澳大利亚，农业低碳发展离不开公众的广泛参与。目前，澳大利亚

---

① ② 　资料来源于2012～2013年度中澳农业交流团的《澳大利亚低碳农业考察报告》。

全国有 4000 多个"土地保护小组"和 2000 多个"海岸保护小组"①，其最重要的职能之一就是促进农业资源的节约利用和环境友好型农业技术的采纳。只要想为环境资源保护贡献一分力量，居住在社区中的任何人都可以成为资源保护小组的组员。社会力量的广泛参与，为农业低碳发展提供了一种"自下而上"的动力。

8.3.2 澳大利亚发展低碳农业对我国的启示

（1）事权和财权统一，完善农业资源环境管理制度。借鉴澳大利亚的经验，一是在农业资源可持续利用和控制农业面源污染方面，建立事权和财权相适应的制度。一般来说，中央主要负责农村跨区域、跨流域、影响较大的生态环境保护项目和工作，比如长江上游和黄河上游的生态保护工程、基础性农业环保科技研究、重要农业生态示范工程建设、区域资源环境承载能力监测、大范围自然灾害的防灾减灾等；而对于地区性的农业环保设施、小流域环境治理、地区性农业环保应用科研等则由地方政府负责。中央和地方按照事权划分相应职责并分担财政支出责任，逐步实现农林水资源环境事务责任与财政支出责任的统一。二是探索将我国农业灌溉用水与土地承包经营权相结合，强化相关监测、管控等配套设施建设，为农业低碳发展体制奠定基础。

（2）国家和地方协调，建立农业低碳发展管理体制。主要有两方面启示：一是政府部门通过财政转移支付方式建立农业低碳发展基金，直接进行生态补偿。二是以信托投资的方式，筹措农业低碳发展的资金，实现农业面源污染第三方治理。农业低碳发展基金需要根据自然资源的规模进行相应的层级划分，初步可以分为国家级公共基金和省级公共基金两个层

---

① 资料来源于 2012~2013 年度中澳农业交流团的《澳大利亚低碳农业考察报告》。

次。国家级低碳发展公共基金的资金主要由中央财政负担，用于跨省行政区域的耕地、水域污染和环境友好产品和技术推广应用等生态补偿；在中央层面，建立农业低碳发展协调机制，办公室设在农业部，协调各部门定期召开联席会议；省级低碳发展公共基金主要由省级财政负担，用于开展县市行政区域的生态补偿；在地方层面，相应建立农业低碳发展协调机制，办公室设在农业厅或者农委。由于低碳发展基金采用以政府为主体的运作方式，因此要建立严格的基金使用管理制度，特别要在资金用途和项目成效的评估方面做出严格规定，严防资金被挪用和浪费。

（3）税费和担保共用，探索建立农业生态补偿机制。坚持使用资源付费和谁污染环境、谁破坏生态、谁付费的原则，逐步将资源税扩展到耕地等农业资源。坚持谁受益谁补偿的原则，完善对粮食主产区等重点农业功能区的生态补偿机制，推动地区间建立横向生态补偿制度。建立并完善农业资源环境税收制度，对农业面源污染者征收环境整治费用，对农业资源节约利用进行以奖代补。建立农业低碳发展担保押金制度，由银行或财政出面为企业复垦、减少面源污染提供信用担保，要求种养企业完成资源开发之后恢复农业产地环境和植被覆盖。稳定和扩大退耕还林、退牧还草范围，调整严重污染和地下水严重超采区耕地用途，实现耕地、河湖、地下水等适度休养生息。

（4）管制和市场结合，健全农业污染排放控制手段。借鉴澳大利亚的经验，建立农业污染排放产权交易市场，用于污染排放权的收购交易，甚至可以探索拓展农业资本市场，鼓励企业从事节能减排的投资活动。第一，建立并发展农业资源环境产权市场，推行节能量、碳排放权、排污权、水权及质量交易制度，建立市场化机制，吸引社会资本投入农业资源，节约利用和农业面源污染防控。先期可主要面对国内污染大户，如农药、化肥等企业进行交易，逐步融入国际污染排放产权交易市场。第二，以清洁发展机制为核心，在国内逐步引入农业碳汇产权交易机制，带动农业碳汇项目实施，减少碳排放，发挥农业的碳汇功能，额外增加农民的碳汇收入。

（5）创新和推广同步，大力发展环境友好农业技术。发展环境友好型农业技术是一项创新性工程，需要大力加强顶层设计和协调落实。要积极探索和完善我国生物质能源发展扶持政策，创新可持续的商业运营模式，实现保障国家粮食安全和重要农产品有效供给与农业可持续发展的统一；要进一步完善农业可持续发展政策，发挥政策在解决环境和资源外部性问题中的重要作用，激励环境友好农业技术的创新和应用；要积极探索和建立适合我国国情的环境友好型农业技术和产品的市场信息引导机制，促进环境产品市场的外部收益内部化；要适应农业产业化、标准化、规模化、信息化发展需要，重新认识和顶层设计环境友好型农业技术创新，推动农业发展模式的根本转型。

（6）公众和政府共谋，发动社会广泛参与低碳发展。借鉴澳大利亚的经验，充分发动社会力量来积极参与和推动农业低碳发展。要在政策的制定、规划执行、绩效评估和过程监控等各个环节中，发动公众广泛参与，并创新体制机制，扩大农民直接参与。要在退耕还林、退牧还草、休耕轮作、生态涵养等政策实施过程中，充分发挥农民的主体作用，尊重农民的创造精神和参与意愿。要探索开展志愿者活动，适当利用非政府组织的力量，参与和监督农业低碳发展，疏通社会公众利益诉求的渠道，弥补管理和法规中的漏洞，为农业低碳发展建立坚实的社会基础。

8.4 其他国家农业减排固碳政策措施

围绕农业减排固碳与应对气候变化，其他各国也出台了一系列政策措施，主要涉及种植、养殖和放牧活动中温室气体减排，土壤固碳增汇，粪便优化管理和资源化利用，食物系统减排降耗，财政激励和市场调控等。发达国家起步早，相关政策措施系统全面，近年来发展中国家也逐渐出台政策措施以推进农业减排固碳工作。

8.4.1 旱地减排固碳

旱地土壤 N_2O 排放在各国所占比重较大，达到农业总排放的 19% ~ 76%[1]，同时土壤固碳也是农业主要的碳汇途径。各国出台的农业政策中，发展有机农业、生态农业、精准农业或绿色农业是提及最多和执行最广的措施，主要技术包括科学严谨的肥料和农药施用控制、使用高效肥料、减肥减药、有机肥替代化肥等措施，这既有助于降低旱地农田土壤 N_2O 排放，又减少了肥料农药等投入品带来的碳排放。目前主要发达国家和大部分发展中国家（除非洲外）均提出减少化肥和农药使用的计划，以实现农业低碳高效生产，同时降低农业面源污染。巴西颁布的农业低碳发展计划，鼓励农户强化耕作栽培措施和采用种养结合模式来提高气候变化适应能力和生产力，降低温室气体排放强度。另外，不同国家根据国情颁布了一些有针对性的政策措施。果蔬生产大国（西班牙、葡萄牙等）要求规范果园、菜园及葡萄园的施肥管理，降低 N_2O 排放；墨西哥等美洲国家重视发展作物生物质能源炼油，以替代部分化石燃料；存在土地退化和荒漠化的国家（波兰、保加利亚、哈萨克斯坦、柬埔寨等）关注农

---

① UNFCCC. National inventory submissions [R/OL]. 2019 [2021 - 03 - 01]. https：//unfccc. int/process-and-meetings/transparency-and-reporting/reporting-and-review-under-the-convention/greenhouse-gas-inventories-annex-i-parties/submissions/national-inventory-submis-sions - 2019；UNFCCC. Biennial update reports from none-Annex I parties [R/OL]. 2020 [2021 - 03 - 03]. https：//unfccc. int/BURs；UNFCCC. Biennial update reports from An-nex I parties [R/OL]. 2020 [2021 - 03 - 03]. https：//unfccc. int/BRs.

田侵蚀防治和土壤培肥修复，增强碳汇能力；亚马孙流域和东南亚国家（巴西、秘鲁、泰国、印度尼西亚等）严格禁止森林砍伐转换为农田；干旱地区及不发达国家（印度、塔吉克斯坦、撒哈拉以南非洲国家等）大力推行节水高效灌溉技术和水利工程，相比减排更关注农业适应气候变化。

8.4.2　稻田减排固碳

稻田 CH_4 排放是以水稻为主食的国家的主要排放源。印度、越南、菲律宾、印度尼西亚等水稻种植大国，水分灌溉管理是这些国家控制稻田 CH_4 排放的关键，在已颁布政策中均明确提出推广中期晒田、间歇性节水灌溉、直播稻和旱稻栽培技术，以有效降低 CH_4 排放，提高水分利用率，但这一定程度上又促进 N_2O 排放。另外，低排放高产水稻品种选育，优化稻田肥料管理，可协同降低 CH_4 和 N_2O 排放；而稻田施用有机肥、秸秆还田可提高土壤碳汇，但会促进 CH_4 排放。非洲部分国家（埃及）为合理配置水资源，提出缩减水稻种植面积的计划。

8.4.3　家畜养殖和放牧优化管理

家畜养殖和放牧导致的温室气体排放是最主要的农业排放源，特别是在欧洲和大洋洲。选育低排放强度的家畜品种是减排共识，除非洲外，其他国家政策均提出改善家畜日粮结构和采用低蛋白饲料来降低反刍动物肠道发酵的 CH_4 排放，通过加强对永久性放牧草地保护、退化草地修复、停止草地开垦来提升草地碳汇，并保障畜牧业可持续发展。新西兰、巴西、阿根廷等国家十分重视草畜平衡、草地修复和强化草地生态功能，这些措施对于减少碳排放具有积极意义。

8.4.4　粪便强化管理

强化粪便收集、贮存、运输、管理和利用不仅是农业减排的重要内容，也是农业面源污染防控、可再生能源管理的重点方面（朱志平等，2020）。国际上已形成系统的做法，特别是在欧美等发达国家，主要包括强化粪便贮运管理，粪便生物发酵产生沼气，沼液沼渣还田，以及粪便堆肥还田（Velthof G. et al.，2015）。粪便能源化和资源化利用，不仅替代化石燃料减少 CO_2 排放，还能减少粪便贮运过程中 CH_4 和 N_2O 排放，同时肥料还田提高了养分利用率，增加土壤碳储量。荷兰立法规范对粪便的管理，卢森堡等国明确要求粪污覆盖贮藏。在以小农户为主的发展中国家，粪便发酵产生沼气或堆肥是传统做法，但由于非集约化生产，大规模的粪便收集贮运和严格管理难以实现，减排能力略显不足。

8.4.5　食物系统及其他农业活动减排

近年来，越来越多的国家关注食物系统的整体温室气体减排。加拿大、日本、新西兰、韩国等为实现碳中和战略也出台类似的食物系统减排政策。在消费层面，倡议调整国民饮食结构，形成低碳健康的饮食习惯，并提议强制性的食品营养标签，让消费者做出自主知情的低碳消费选择。食物系统从供给到消费全链条减排，对于国家经济绿色低碳转型意义重大，也有助于加速碳中和目标的实现。在企业层面，一些国际知名跨国零售或者食品企业（百事、沃尔玛、孟山都、泰森食品等）纷纷响应碳中和行动，不仅考虑减少企业运营的碳排放，还将农产品生产、贮运等过程的减排纳入企业目标。在碳中和政策下，碳中和承诺国家之间未来的贸易活动可能涉及农产品碳排放，这将给涉农外贸企业带来巨大影响。挪威、西班牙、日本、韩国和墨西哥等渔业大国明确提出海洋捕捞和水产养殖的减排目标，对渔具渔船提出了燃油电力降耗节能要求。荷兰作为设施农业大国，颁布专门政策规范温室节能降耗减排，并推广光温水肥精准控制技术和智慧农业技术，以实现低碳种植。东南亚以小农户和家庭农户为主的国家出台政策指导农业集约化生产，从而提高生产力和资源利用率，降低单位产量的温室气体排放强度。气候智慧型农业是在联合国粮农组织倡导下发展而来的应对气候变化新模式，撒哈拉以南的非洲国家在颁布的政策中专门提及并积极推广气候智慧型农业技术，倡导太阳能使用，统筹兼顾适应和减缓气候变化以支持小农户生计。

8.4.6　财政激励和市场调控

葡萄牙、立陶宛、南非、新加坡等国家针对高排放高污染的农业生产活动和产品征收环境税或碳税。欧盟碳交易市场较为成熟，农户在种植养殖中采取减排固碳措施可从碳交易中获益，抵消减排成本。新西兰已开放碳交易市场，并通过气候变化应对修正案改革碳交易，拟从 2025 年对农业排放定价。

8.5　国外减排政策对中国的启示

发展低碳农业已成为大势所趋，而在探寻低碳农业发展路径的过程中，我们应借鉴国外低碳农业发展的先进经验，以避免自身发展进程太过曲折。结合前文分析，可得出以下几点启示：

第一，注重低碳农业相关的政策与制度建设。为了推进低碳农业发展，国外出台了一系列相关政策，如农业保护性耕作促进政策、农村新能源计划政策、低碳引导型农业财税政策等。反观我国，低碳农业理念虽已深入人心，但其发展步伐仍较为缓慢。为了追求更大的经济利益，更多的农民选择了高碳生产方式，这显然不利于农业的可持续发展：究其原因，主要在于两方面：一是缺乏对农业低碳生产模式的政策支持。比如，对于低碳农业生产技术宣传不够、对于低碳农业行为主体（农民）的培训与教育不够、对于低碳农业生产行为的激励力度不够；而事实上，在推进低碳农业发展的进程中，低碳农业生产技术是基础，高素质农民是关键，有效的激励措施则是必不可少的催化剂，三者缺一不可。二是缺少对农业高碳生产行为的机制约束。比如，对于农药、化肥的无节制使用行为缺少制约，对于产后秸秆资源不合理的处理模式（随意丢弃、焚烧）缺少监督与管理；面对这些高碳生产行为之所以束手无策，缺少相应的法律与制度保障是关键。针对这些问题，我们有必要进行一些改进：一是颁布一些能促进低碳农业发展的相关政策，具体可以涉及低碳农业技术的研发与推广、农民科学素养的培养与提升、低碳农业发展激励模式的构建与施行等；二是完善立法与制度建设，对于一些不利于农业可持续发展甚至严重危害生态环境的农业生产行为（如秸秆焚烧），要从法律和制度上予以规避，其中，在章程的设计上要力求细致性与科学性，在制度的执行上要保证公正性与权威性，切实做到有法可依，执法必严。

第二，加大对低碳农业发展的财政支持力度。由于低碳农业具有外部性与公共物品的双重属性，投资巨大、见效慢，以美国、欧盟以及日本为代表的一些发达国家和地区对于低碳农业生产行为都给予了一定的财税支持，虽然方式有所不同，但殊途同归，所追求目的基本一致。至于我国，由于缺少针对低碳农业发展的专项资金支持和税收减免政策，导致其低碳农业发展的动力明显不足。为此，政府应在借鉴国外先进经验的基础上，综合运用财政补贴、直接支付、低息甚至无息贷款、税收减免等多种政策工具，积极推进低碳农业发展，实现农业发展与生态环境保护的协调共进。具体而言，可从三方面着手：其一，加大对低碳农业的宣传与教育投入。让农民树立低碳农业观念是改变传统农业生产方式、发展低碳农业的重要前提，鉴于我国农民普遍文化程度较低，对新事物、新思想、新概念等掌握程度较低且接受速度较慢这一事实，政府有必要充分发挥宣传主导功能，安排专项财政资金，借助报纸、电视和网络等媒介，强化对低碳农业相关知识的宣传教育。其二，加大对低碳农业的补贴力度。目前，我国虽已施行一系列农业补贴政策，但却鲜有关注生态环境的，而为了践行低碳经济发展战略，全面推进低碳农业发展，在今后的农业补贴政策选择上应凸显环境保护因素，一是补贴提供低碳农用品的企业，以调动其生产积极性，具体措施包括亏损补贴、财政贴息贷款等；二是补贴使用低碳农用品的农户，以价格补贴为主；三是补贴退耕还林、还草行为，以更好地发挥农业碳汇功能。其三，充分发挥税收的资源配置调节作用。具体而言，可以施行"绿色化"税收制度，一方面，对于现行税收体系进行合理调整，增进其环境保护力度；另一方面，针对农村存在大量高碳企业这一不利现实，充分发挥税收的激励与约束作用，即可通过税收优惠促进高碳企业的产业升级，也可通过开征碳税抑制高碳企业发展。

　　第三，强化低碳农业生产技术的研发与推广。国外非常注重对低碳农业工程技术的研发与推广，尤其体现在农业生态固碳技术的研究和低碳农业机械化技术的研发上，其做法非常值得我们学习与借鉴，从而针对我国低碳农业生产技术数量偏少且推广不好的现实，在今后应加大对低碳农业生产技术的研发力度，一旦时机成熟就尽快推广。具体可从三方面入手：其一，重视农业生态固碳技术的研发工作，力争早日应用于实践目前对于农业生态固碳技术的研究多停留于试验阶段，离应用仍存在一定距离，与国外相比我国在该方面研究也具备了一定基础，为此，我们应抓住这个历史机遇，快速推进农业固碳技术的相关研究，拟通过作物吸收或土壤储存的方式减少农业生产活动所引发的温室气体排放，进而实现农业低碳生产。其二，全面推进农作物秸秆的资源化利用。目前，我国每年产生的农作物秸秆数量超过 8 亿吨①，除部分用于还田、基质化和饲料化利用外，余下的大多数被随处丢弃或直接焚烧，由此对生态环境带来了极大的负面影响，为了根治秸秆焚烧这一瘤疾，我们应强化秸秆资源化利用技术的研发，开发出更多的秸秆利用技术，变废为宝，尽可能提升其附加值，让广大农民觉得有利可图．从而摒弃简单易行的秸秆焚烧处理模式，转而支持秸秆的资源化利用。其三，加大对农业机械节能减排性能的研发力度。目前，在我国一些平原地区尤其是粮食主产地区，农业生产已基本实现全面机械化，这在提高农业生产效率的同时也加剧了对农用柴油、汽油的需求，由此引发了大量的温室气体排放。因此，在今后我们应以美国为借鉴对象，积极探究农业机械节能减排技术，并开发新工艺，切实降低农业生产能耗水平。

第四，通过构建农业碳交易平台实现碳汇的经济价值。美国自 2003 年开始就允许农民在芝加哥气候交易所进行农业碳封存指标（农业碳汇）的交易，从中获取相关收益。反观我国，目前虽在北京、天津、上海、深圳、广州、湖北和重庆等地拥有 7 家碳排放权交易所，但业务涉及以林业碳汇为主，对农业（种植业）碳汇缺少必要关注。事实上，农作物与树木、牧草等同属植物范畴，其生长过程中也吸收了大量二氧化碳，产生了较强的碳汇效应。但在现实中，农业碳汇却屡遭人忽视，其成因主要源于两个方面：一是受先入为主思想影响，人们将注意力多聚焦于农业碳排放，受此影响，农业生产部门在多数场合被定义为了碳源；二是受农业自身功能定位影响，由于为人类提供了生存所必需的食物与原料，经济产出几乎成了衡量农业好与坏的唯一标准，而碳汇效应由于难以用货币衡量，其重要性容易被人忽略：既然农业产业部门拥有较强的碳汇能力，那么我

们就有必要搭建农业碳交易平台，并对农业碳汇进行交易以实现其经济价值，然后反哺给农户，可使其现金收益得到增加，更为重要的是，还能提升农户从事低碳农业生产的积极性，进而推进我国低碳农业发展。当然，要想实现农业碳汇的市场价值，我们还有很长的路要走：首先，需科学编制农业碳汇测算体系。在借鉴已有测算方法的基础上，对农业碳汇因子的选择既要考虑农作物碳吸收，还应兼顾土壤固碳、秸秆还田等，以确保碳汇指标体系构建的全面性与权威性。其次，完善农业碳汇的计量与监测。基于农业碳汇测算公式，选择合适的碳汇系数，定量评估我国以及各省级行政区的农业碳汇量，以此形成中国农业碳汇数据库。最后，不断构建与完善农业碳汇交易平台，并在政府的主导与监督之下，企业和农户依照市场规律进行农业碳汇交易。

8.6　小结

本章主要阐述了国外低碳农业发展过程中一些好的经验与做法，在此基础上，探讨了这些经验做法可能带给中国低碳农业发展的一些启示，主要研究结论如下：

（1）国外低碳农业发展无论是在政策制度层面还是在工程技术层面均有可借鉴之处。其中，在政策制度层面，先后颁布了一系列有助于低碳农业发展的纲领性政策，涉及农业保护性耕作、农村新能源利用、农业碳交易以及低碳农业财税支持等多个方面。在工程技术层面，主要包括：农业生态固碳技术，具体分为作物碳封存与土壤碳封存；秸秆资源化利用技术，可细分为秸秆发电、秸秆还田与秸秆饲料；低碳农业机械化技术，主要分为发动机创新措施与新技术应用措施。

（2）国外在农业低碳发展方面的一些经验与做法对推进我国低碳农

业发展具有重要的理论与现实意义，从中可以获取一些启示：一是注重与低碳农业相关的政策与制度建设，具体可以涉及低碳农业技术的研发与推广、农民科学素养的培养与提升、低碳农业发展激励模式的构建与施行等；二是加大对低碳农业发展的财政支持力度，包括低碳相关宣传与教育投入的加大、补贴力度的增加以及税收资源调节配置作用的运用；三是强化低碳农业生产技术的研发与推广，具体涉及农业生态固碳、农作物秸秆资源化利用以及农业机械节能减排等技术；四是通过构建农业碳交易平台实现碳汇的经济价值，具体分为三步，农业碳汇测算体系的编制、农业碳汇的计量与监测以及农业碳汇交易平台的构建与运行。

第9章

中国粮食主产区农业低碳发展减排政策体系构建

通过对我国粮食主产区碳排放和碳生产率现状与特征的研究，为我国粮食主产区农业低碳发展减排政策体系构建奠定了坚实的理论与科学依据。本章在考虑我国粮食主产区碳生产率区域差异基础上，从指导思想、减排原则、减排手段、减排依据、减排目标和减排政策等方面构建我国粮食主产区农业低碳发展减排政策体系。

9.1 中国粮食主产区农业低碳发展减排政策体系的框架构建

9.1.1 指导思想与基本原则

（1）指导思想。

减排政策体系的指导思想是整个体系构建的核心，减排政策体系构建是一项系统工程，是保证粮食主产区碳生产率能够得到显著提高，从而促进农业低碳发展的灵魂所在。结合我国粮食主产区现状，减排政策体系构建的指导思想必须坚持以下几点：首先，必须把提高粮食主产区碳生产率放在突出位置，要求在减少投入的前提下，增加农业经济产出，减少碳排放，从而促进我国粮食主产区农业低碳发展，确保农业实现生态、环境与经济的可持续发展；其次，要以农业低碳经济理论为减排政策体系的核心指导理论，运用农业循环经济理论作为减排手段的指导思想，坚持以农业绿色发展理论为指导理念，促进我国粮食主产区更好的走低碳发展之路；最后，需要建立大局观，一方面，要统筹农业整体发展，优化调产业结构，另一方面，要从粮食主产区整体出发，统筹农业低碳的协调发展，做好经验总结，为减排政策的进一步推广做好模式样本。

（2）基本原则。

减排政策体系的基本原则是整个体系构建而要遵循的准则：第一，需要因地制宜，依据我国粮食主产区现状提出减排政策。要依据粮食主产区产业结构现状，农作物产量、生产资料投入使用现状以及区域之间的发展程度的差异等制定切实可行的政策；第二，要遵循农业发展的特点，必须以农业生产为基础，不违背农业生产特点为前提提出减排政策，同时，需要结合粮食主产区碳排放与碳汇的发展趋势与现状，做到提前预判和综合考量；第三，要以市场需求为导向，以提高经济效益为目的。农业生产是国民经济的重要产业支柱，所以必须考虑经济效益的提高，以市场为导向，提前做好部署；第四，以技术为支撑，兼顾区域协调发展。农业碳生产率的提高离不开低碳技术的提升，前文的研究已经证实技术因素对农业碳生产率的提升有着显著的正向影响，从实际情况出发，走低碳农业发展之路，技术的革新是其必经之路，但从研究可知，中国粮食主产区区域之间存在着发展不平衡的现状，在构建减排政策体系时，需要兼顾区域协调发展，做好统筹工作，既要做好示范引领工作，又要做好互助工作，梯次推进粮食主产区农业低碳发展。

9.1.2 减排政策工具

为了解决当今全球气温变暖、环境污染等影响人类生存发展的问题，各国都陆续以政策工具为手段对经济的发展进行环境约束，以实现经济、环境与社会三位一体的可持续发展。宋德勇（2012）在研究中指出自从庇古在新古典经济学基础上提出通过制度设计能够有效解决经济发展对环境产生带来的影响，政策工具逐渐成了环境经济领域研究的热点问题。我国虽然没有减排的强制任务，但在哥本哈根全球气候大会上做出了庄严的承诺，在 2020 年单位 GDP（国内生产总值）二氧化碳排放量将比 2005 年下降 40%～50%。当前，面临巨大的减排压力与农业碳排放持续上升的双重压力，如何科学制定切实有效的减排政策，成为当前农业研究的主旋律。

政府用来影响经济与社会变量的政策变量被称为政策工具，且政策目标的实现需以政策工具为手段。李波（2011）在研究中提到，无论是改变生产行为或是消费行为，还是通过技术提升来促进农业低碳发展，都需要以政策工具作为实施手段，才能达到预期减排效果。杨洪刚（2009）在研究中指出，政策工具也叫作政策手段，我国关于治理环境问题运用的政策工具（政策手段）大致分为以下五类，即法律手段、行政手段、经济手段、宣传教育手段以及技术手段。而罗斯韦尔（Rothwell，1988）在研究中将政策工具系统划分为环境型政策工具、供给型政策工具以及需求型政策工具，该种划分在学术界被广泛认可。同样，我国学者许冠南（2014）在研究中系统地介绍了环境面政策工具、供给面政策工具以及需求面政策工具并对其作用机理进行了深入的分析。由此可以看出，虽然政策工具分类没有明确定论，但作为政策手段用于抑制碳排放增长与保护环境的作用被国内外学者所认可，故本书在构建减排政策体系中，将借鉴罗思韦尔（Rothwell）与许冠南等学者的分类法，从环境类政策工具、供给类政策工具以及需求类政策工具的角度出发，研究探讨有利于中国粮食主产区农业低碳发展的政策工具。

环境类政策工具主要是通过创立外部条件，为农业低碳发展提供环境支撑，主要表现在对节能减排的影响上，其主要手段可分为：财政支持、减排目标制定、战略规划措施（如打造自主品牌、建立农业示范园区等）、立法约束、引导低碳生产等。

需求类政策工具着力点为农产品市场，其目的一方面在于为农产品销售开拓新的市场，打开新销路，另一方面是了防范经营风险，降低市场不稳定对农业生产带来的不利影响，以此来保证农业低碳生产能够顺利进行。其主要手段可分为：贸易管控（重点：农产品进口限制、出口鼓励）、市场开拓、低碳技术引进等。

供给类政策工具主要是指政府在农业生产过程中，为其提供人力、信息以及技术等方面支持，确保低碳生产顺利进行所使用的政策手段，具体可分为：基础设施建设（农田与农村基础设施建设）、农业信息支持、减排专项资金投入、农业公共服务（培养人才、部门协作）等。

9.1.3 减排体系构建思路

粮食主产区农业减排参与主体及范围：由政府为主导，各级政府主管部门与政府主管部门的工作人员参与其中，依靠运用环境类政策工具、需求类政策工具与供给类政策工具对市场进行有效驱动，实施与推动农业减排政策。相关涉农企业与农民应根据减排政策要求参与到减排工作中，承担在低碳减排中的社会责任与经济责任，一方面间接参与政府监督，另一方面积极加入低碳发展减排工作中。

粮食主产区农业低碳发展减排政策体系的构建需要兼顾农业经济效益和生态效益的协调发展，充分运用好政策工具，理清减排思路，在农业发展现状的客观基础上，构建符合粮食主产区农业低碳发展实际所需的减排政策体系。第一，必须把提高农业碳生产率放在突出位置，要以农业低碳经济理论为减排政策的核心指导理论，运用农业循环经济理论作为减排手段的指导思想，坚持以农业绿色发展理论为减排政策的指导理念。第二，必须以农业经济效益与生态效益协调发展为目标，有效保障农业低碳发展，从而实现经济与环境可持续发展。第三，必须以因地制宜、遵循农业发展特点与现状为原则、以市场需求为导向，以提高经济效益为目的，同时，要以技术为支撑，兼顾区域协调发展。第四，必须以政策工具为减排手段，充分发挥其减排作用，助力减排任务的完成。

9.2 粮食主产区农业低碳发展减排政策体系的制度构建

9.2.1 区域减排任务细分制度构建

由我国粮食主产区现状分析可知，区域碳排放量和碳生产率有着显著差异。因此需在坚持农业低碳发展主体目标不变的前提下，理清减排工作存在的困难与关键所在，综合统筹构建减排政策体系，执行区域协同治理机制，降低农业碳排放减排成本，同时，为了适时优化调整减排目标与责任，需建立动态评估机制以保证减排体系构建的合理性。

（1）通过碳排放权交易保障区域农业碳排放的公平性。国家可在控制农业碳排放总量的基础上，按照一定的分配准则将碳排放限额下发至各省级行政区，初始分配准则可以有两种：一是农业总产值所占全国比重，二是农业碳汇所占全国比重。至于采用何种方案将视具体情况而定。初始分配后，可通过市场交易手段对农业碳排放权进行重新优化配置，超出排放限额的地区需向未达到排放限额的地区支付"碳排放权"费用。

（2）产业结构优化与农用物资高效利用协同推进。对于以粗放型农业为主或农业水平较为落后的地区，应着力提高其农用物资利用效率，可采用农业技术与工程措施相结合的方式，如使用测土配方施肥技术、改进饲料配方、改造中低产田等。对于以集约型农业为主或农业水平较高的地区，应不失时机地优化调整农业产业结构，在保证粮食安全的前提下，适当向林业、渔业等低碳排放行业倾斜。不过，两类方案的实施并非一成不变，必要时可协同运用。

（3）加大低碳农业投入与立法建设。对于生态承载能力较差或者呈现"双低型"特征的地区，以财政补贴为主，包括良种补贴、节能机械普及推广补贴等；对于其他情形稍好的地区则以财政奖励为主，肯定其在农业低碳生产领域所做出的贡献，使其积极性不受影响。

9.2.2　政策落实监督制度构建

9.2.2.1　构建监督检查制度

监督制度的构建能够有效地保障减排政策得到切实执行，从而有效促进粮食主产区农业更好地走低碳发展之路。构建减排政策监督检查制度首先要遵循以下原则：一是坚持严格且高标准建立原则，做到全方位，全流程监督政策落实情况；二是坚持与时俱进原则，一方面是监督手段的与时俱进，另一方面是监督人员水平的不断提升；三是做到制度管人原则，对于减排政策落实不力以及监督不到位的情况，严格按照相关规定处理执行;四是发动社会共同监督原则,一方面,减排政策监督制度需要依靠政府去执行,另一方面,农民、涉农企业以及媒体等的监督已经成为不可或缺的一部分,在监督减排政策贯彻落实的过程中发挥着越来越重要的作用。

构建减排政策监督制度内容:第一,建立健全监督检查机构,做到层级的全覆盖,由于农业生产的特殊性,监督机构要深入到村,形成省、市、县(区)、乡(镇)、村五级监督机构,每级机构需要配齐相应的工作人员,鉴于工作的特殊性与复杂性,可以利用已有的基层工作人员,如:网格员等配合进行减排政策落实监督工作;第二,建立监督协同管理机制,政策执行机构应主动加入监督工作中来,监督如:农业财政支出执行情况,低碳补贴政策落实后的改进情况等,形成全员监督;第三,建立健全公示制度,提高减排政策执行的公开透明度,主动公开低碳政策中如:涉农补贴资金等执行情况,提高减排专项资金使用的透明度,以此来加强农民、涉农企业以及媒体对监督信息的可获得性。

9.2.2.2　形成长效监督制度

形成长效监督制度对于保证减排政策的有效执行意义重大。首先,需要建立长效的信息共享制度。长效信息共享制度的构建能够有效解决由于信息不对称带来的监督漏洞,可以及时发现并纠正政策执行过程中的问题,助推减排政策得到有效执行。其次,建立长效的监督制度创新体系。根据市场导向,农业生产将会带来改变,由此而来的是减排政策的调整,监督机制要根据减排政策的调整适时进行创新以符合监督发展的需求。再次,建立长效的权力执行监督制约制度。一方面,强调监督的前提是为了更好服务政策落地,切实推进粮食主产区农业走低碳发展之路,另一方面,是为了将监督的权力用制度进行约束。最后,建立长效的动态评估制度。动态评估制度的建立旨在保证区域减排任务能够根据生产实际变化适时调整，同时监督减排任务切实有效的进行落实。一是需要建立起粮食主产区碳排放数据库，充分运用大数据分析观察其变化发展规律，以期制定科学合理的减排任务。二是需进行区域协同治理制度，一方面发挥区域间正向促进作用，另一方面从全局的角度进行减排任务的合理分配。

9.3　粮食主产区农业低碳发展的减排政策

9.3.1　制定低碳农业法律法规

低碳农业立法对于低碳进程的推动有着强力的促进作用，可以使制定的低碳发展规划做到有法可依，有章可循。我国目前尚未有专门针对农业低碳发展方面的法律法规，就粮食主产区现状而言只有部分省级政府发布的低碳工作方案而且仅制定了短期的任务目标，相比于法律而言缺少强制执行力，不利于农业的长期发展以及取得较好的低碳效果。为了能更好地促进农业的低碳发展，急需制定相应的法律法规以保证农业低碳发展。首先，应将低碳约束用法律法规的形式确定下来，将农业碳排放零增长、碳排放强度降低目标以及碳汇增加目标等加入低碳法律法规中，增强地方重视度与执行力。其次，制定严格的法律法规。一方面，从源头抓起，对于生产达不到绿色环保标准的农业生产资料投入市场的，依据法律法规严惩制造商，另一方面，对于不按规定使用农药、化肥、农膜等生产资料造成环境污染的，追究其相关法律责任。再次，完善农产品绿色检测法律法规制度建设，以确保内销与外销的农产品能满足绿色检疫标准。最后，以法律的形式确定低碳激励政策。一是对于在推动农业低碳发展工作中做到较好的典型示范地区，给予更多的财政支持与农业补贴，二是对于在农业低碳发展过程中做出较大贡献的个人,给予相应的奖励,从而激励典型地区与突出个人在农业低碳发展过程中做出更大贡献。

在立法保证的前提下,农业低碳发展规划的制定就成为顺理成章的工作。一方面,需要从整体出发,建立短、中、长期的低碳规划,需要充分考虑碳减排以及农业碳生产率的提高,同时要兼顾经济发展;另一方面,一是需要进行具体区域规划,第一个层次是大区域低碳规划,建立大分区低碳规划,第二个层次是在大区域规划下,依据区域内各省农业低碳发展现状,做到"一省一市一规划"。二是需要统筹区域发展,因为中国粮食主产区农业发展存在着较大差异,故低碳发展规划的制定需要综合考虑试点建设与分类指导相结合的方法,做到因地制宜,因时制宜。

9.3.2 发展区域差别化的低碳技术与生产方式

粮食主产区内各省和区域各具特殊性,应根据省份或区域碳源的结构特征、自然特性、产业优势,找准碳生产率改善的着力点,发展区域差别化的低碳技术与生产方式,进而实现农业的低碳转型。

(1)东北地区。种植业发展所引发的碳排放高于畜牧养殖的排放量,因此,首先,应积极推进种植业投入品"减量化"工程,在化肥与农药"零增长"上下功夫,推广化肥农药减施增效技术,加大秸秆还田、保护性耕作的实施力度,增施有机肥,实现测土配方肥技术全覆盖,改变农业高碳低效的状况。其次,在推进种植业全程机械化作业的同时,推广轻便化、精准化的生产管理技术和智能化的农机装备,提高柴油等能源的利用效率,推进废旧地膜回收利用。最后,应控制三江平原等开发强度大的地区水稻种植规模,推广粮经饲兼顾型种植模式,合理布局各种农作物品种结构,实现种植业可持续稳产与低碳化发展。

(2)黄淮海区。这该区域农业碳排放主要由农地碳排放和畜牧碳排放组成，需要从畜牧养殖和农用能源等方面进行改善。第一，作为全国畜牧养殖重镇，黄淮海区应积极推进畜牧业发展方式转变，在稳定反刍牲畜数量与结构的基础上，大力发展标准化高效畜牧业与循环农业，控制畜牧业开发强度，积极探索畜牧业污染防治与畜禽粪便资源化利用的生态治理模式。第二，推广节水、耐旱作物品种，完善农田灌排等基础性设施，建设高效节水灌溉工程，大力发展节水增效农业。第三，推广现代、高效、低风险的植保机械，加大秸秆还田、增施有机肥以及保护性耕作等农艺措施实施力度，推进农膜回收与循环利用、化肥和农药等投入品减量化与零增长行动，改善农业高投入、低效率、低收益状况，提高农业发展质量。

（3）长江中下游地区。该区域各类碳排放相对均衡，但主要是由于种植业生产所产生的。因此，在推动低碳转型过程中，首先，应围绕水稻等主要作物生产展开，积极推广优质水稻栽培技术与生态种植模式，合理布局再生稻，确保水稻稳步增产与品质提升，强化水稻生产功能区地位。其次，发展生态化养殖模式，充分利用水稻等作物秸秆和畜禽粪便制肥，实现种养殖有机结合、循环发展。最后，作为全国粮棉油等重要基地，应积极探索绿色生态导向型补贴政策，重点支持"两型"农业发展，以经济激励诱导转变高碳生产方式，推动农业发展方式转变。

（4）西南区和西北区。畜牧业应是该地区农业碳生产率提升与低碳转型过程中关注的重点领域。首先，应加强林地、草地等植被的保护与恢复工作，推进草地改良与人工造林，增加碳汇，巩固这些地区生态屏障的作用。其次，由于本地区生态系统较为脆弱，应适度发展畜牧业，积极开展休耕与禁牧休牧制度，维护草畜平衡，实现畜牧业的可持续发展。最后，积极推进畜禽粪便与作物秸秆等资源化利用，推广粪便堆肥、秸秆制肥等资源化处理方式，实现资源的循环永续利用与畜牧业低碳转型。

9.3.3　聚力提升粮食主产区农业经济发展水平

（1）发挥品牌优势，加紧打造高端品牌。

粮食主产区各省拥有一大批卓越的产品品牌、企业品牌、行业品牌、区域品牌和地理标志品牌，享誉海内外。所以急需加强农业品牌认证、监管、保护等各环节的规范与管理，打造农产品品牌形象，因地制宜发展多样性特色农业，倡导"一村一品""一县一业"。例如，山东省强化如寿光蔬菜、栖霞苹果、莱阳黄梨等品牌效应，提高农产品市场竞争力和占有率。并且支持有资质的企业对接国际生产标准开展国际认证，着力培育打造一批国际自主品牌。要坚持质量第一、效益优先，大力实施质量强省战略、品牌战略和标准化战略，推动"山东标准"建设，积极创建全国标准化综合改革试点省。

（2）聚力发展高效特色农业，助推现代农业示范区建设。

一是依托现有特色高效农业基地，打造农业示范园区。二是重点围绕粮食产能建设、大力发展生态、绿色和有机农业，并适时推荐符合条件的省级现代农业示范区创建为国家级示范区与全国重要的农产品生产加工示范基地。

（3）优化农业产品结构、生产结构和区域结构。

中央文件提出要"树立大农业、大食物"的观念，也就是不能单纯以增加产量论英雄，要合理开发更多农业资源，要为市场提供品种多样的产品，第一，粮食主产区粮食生产的稳定对我国的粮食安全起到至关重要的影响，在稳定粮食播种面积与保证粮食安全产量的情况下，主动调整农业结构。例如，山东省根据区域实际情况，主动减少玉米播种面积、小麦播种面积等产能过剩的农作物，减少已不具备生产规模效应与经济利益的棉花播种面积。第二，大力发展紧缺和绿色优质农产品，适应城乡居民食品结构升级的需要，努力占领市场。第三，深入推进优质粮食工程，引导农业生产由增产向提质转变。

（4）坚定地实施"走出去"战略，加强农产品市场开拓。

首先，鼓励企业到国外资源相对丰富的地区，建设生产基地、研发基地和营销网络，支持有实力的企业优先建设一批境外农业合作示范区、产业园区，在全球范围内布局产业链条。其次，鼓励农产品出口企业赴境外建设农产品展示中心，举办农产品宣传推介活动。加强农产品出口基地建设，提升蔬菜、果品、畜产品、水产品等优势农产品出口份额。最后，加快推进农业"走出去"战略，加强"一带一路"农业国际合作，主动扩大国内紧缺农产品进口，拓展多元化进口渠道，培育一批跨国农业集团，提高农业对外合作水平。

（5）积极学习国际先进技术与贸易规则，打造"互联网＋外贸"营销方式。

一是学习引进国外优良农业资源以及农业安全生产、标准化生产、病虫害综合防治等领域的关键技术。二是打造一批熟悉国际规则的农业龙头企业，提升优势特色农产品国际市场竞争力。三是利用丰富的海外网络资源与国内网络资源相结合，多渠道全方位对适应市场需要的农产品进行宣传，并与海外电商加紧工作，利用其平台宣传推广本省产品，实现利益双赢。

（6）充分发挥引领作用，提升农产品出口贸易水平。

一是深入推进国家合作水平，保证优惠政策尽快落地。首先对区域内农产品企业"走出去"给予资金筹措、外汇审核等方面的优惠政策。其次引导农业企业积极开展跨国经营，加快推进各类生态园建设，研究开展中外合作项目。最后发挥区位优势密切结合"一带一路"倡议，打造高效生态农业合作试验区。

二是发展特色农业，完善食品安全机制。一是因地制宜发展设施蔬菜、优质果品、特色作物等高效农业，推进无公害农产品、绿色食品、有机食品认证，培育名牌产品，建设农业休闲观光走廊。二是配套建立标准化体系和可追溯体系建设，同时对检验检疫、市场开拓等方面给予政策和资金扶持，支持设立国家级出口农产品质量安全示范区。

三是整合优势资源，带动周边区域共同发展。第一利用部分省份农产品深加工优势，与其他区域互通有无，帮助其进行农产品深加工。第二利用沿海省份海港优势，在货运方便，为其他区域提供便利交通条件，节省运输成本，增加其价格优势。第三利用宣传平台优势，大力宣传区域优势农产品，帮助打响知名度。

9.3.4　财政支农助推农业高质量发展

（1）研究制定对口财政政策，加大财税扶持力度。一是制定政策引导和扶持战略性新兴产业发展的优惠政策，对相关区域的建设给予支持。二是整合资金，用于支持农业重点项目建设。整合现有专项资金，重点支持列入规划的能源、水利等重大基础设施项目建设。三是适当加大对出口退税负担较重地区的财政支持力度，解放其生产发展能力。

（2）健全财政支农方式。第一，农业基础设施建设初期给予必要的财政支持。农业转型升级的初期，由于负担过重，运行成本较高，需要政府给予必要的财政支持。第二，健全财政投入稳定增长机制，将农业作为财政支出和固定资产投资的重点保障领域。第三，财政资金重点投入生态文明建设工程。政府应加大力度抓好环境保护，将资金投入环境保护中去。第四，优化农机购置补贴政策，加大保护性耕作、深松整地、秸秆还田等绿色增产技术所需机具补贴力度。第五，完善结构调整补助政策，继续支持粮改饲，健全生态建设补贴政策，加强农业耕地及生态资源保护，探索建立以绿色生态为导向的农业补贴制度。

（3）建立健全财政资金监督使用机制。财政支农资金需要做到事前申请，事中监督，事后考查的全程监控体系。推动农业财政支出资金绩效管理，做到了解财政支持项目实施进度、绩效目标实现情况，加强执行监控，强化绩效评价等，顺应市场规律，积极培育农业生产的自主能动性，主动优化升级，在市场竞争中站稳脚跟。

（4）取长补短，强化现代要素集成运用。第一，发挥区域协同作用。因地制宜，充分发挥粮食主产区内高效农业示范园区多且强的优势，鼓励各地依托资源禀赋和优势主导产业，积极拓宽农村产业融合发展渠道，加快区域之间农业互补发展，形成更加合理的框架布局。第二，做强农业。实现转型升级必须强化现代科技装备支撑，要大力推广运用新技术，同时推动设施装备升级，技术集成创新，优良品种推广，促进农业生产向"优质高效"发展。第三，坚持问题导向。深入剖析粮食主产区农业结构存在的主要矛盾问题，精准定位突破口，解决效益偏低的瓶颈问题，着力提升农业发展质量效益。

（5）发挥政府调控作用。第一，加快创建全程质控模式，建立符合农业产区实际的全程质量控制模式，遵循质量为主，数量控制的实施原则。第二，政府应做好相关预警机制的建立，要求统计部门及时汇总数据，把控农业经济发展规模与质量，在推进农业高质量发展过程中，不能造成新的失衡，既要坚持质量优先，但不可过度关注质量而放松了数量基础，需确保农业经济发展速度与所需规模相适应。

9.3.5 确立科研核心战略地位

（1）创建科研共享平台，整合优势资源。首先，积极争取国家级涉农科研机构在粮食主产区布局分支机构，为其成功落地提供政策保障与优惠措施。其次，打造产学研深度融合平台。一方面，结合高校与科研单位资源，有针对性创办核心理论期刊，助推创新理论成果落地。另一方面，加快与大学等科研的单位"产学研"一体化进程，鼓励地方进行实践探索和理论研究，以更好地指导农业的发展。再者建立健全农业科研成果产权制度，赋予科研人员科技成果所有权，完善人才评价和流动保障机制，落实兼职兼薪、成果权益分配政策。最后，加大对生产一线农民的科技培养，让教学人员深入一线生产中去，在农业生产中教学，在教学中攻破技术难关，切实解决农技推广最后"一公里"问题。

（2）加快突破农业关键核心技术。一是强化创新驱动发展，加快突破农业灌溉关键核心技术与复种提高技术，继续组织实施水稻、小麦、玉米、大豆联合攻关，加快选育和推广优质草种。二是进行"海水种植业"关键技术攻关。一方面，对以土地为载体运用海水进行浇灌和海水无土栽培方式进行生产的种植业加大科研投入，组织专家团队进行研究，力争提高区域内整体科研水平。另一方面，通过对现有技术与品质优化升级，加快由粗放型向集约型转变，发展现代海上种植业。三是促进农业科研成果转化。一方面，加强农业领域知识产权创造与应用，为其提供科研奖励补助，帮助其申请专利，力争为科研成果项目落地提供全方位的支持。另一方面，提升农业科技园区建设水平，着力建设农业科技成果转化中心、打造现代农业创新高地。

（3）强化农业设施装备支撑。一是加快重大水利工程建设，提升中小型农田水利设施，发展节水农业、旱作农业，加快推广水肥一体化，加大地下水超采区综合整治力度。二是围绕推进"全程、全面、高质、高效"农业机械化，优先发展大马力、高性能、复式作业机械，大力发展智能化、高端农机装备，推进粮食机械化干燥，示范推广棉花机采、花生机播机收等关键环节技术，推动粮棉油等主要农作物生产全程机械化。

（4）完善农田灌溉制度，优化提升灌溉体制。首先，制度先行，完善保障机制。明晰相关部门职责，确立期中管控与后期责任追责机制，确保灌溉质量在制度保障下得到提升。其次，多方协作，保障水利建设资金充足。对于农田水利工程建设重点项目，应该加大财政补贴力度，同时，对于小型水利建设，可以通过完善相关政策，吸引社会资金与鼓励农民和集体筹资进行建设并举，尽快完善基础农田水利设施建设，为提高有效灌溉水平打好硬件基础。最后，一方面，实施精准农业科技示范工程，推进田水林路电综合配套，同步发展高效智能节水灌溉。另一方面，加快灌区续建配套与节水改造，不断完善农田灌排体系。加快修复水毁灾毁水利工程，突出抓好防洪薄弱环节建设。

（5）发挥水网优势资源，创新灌溉技术。第一，建立全新农业用水价格机制，推进农业灌溉用水总量控制和定额管理制度，建立节水奖励和精准补贴机制，增强农民节水意识。第二，提升农业灌溉科技水平，完善田间雨水集蓄利用设施，改地面漫灌为喷（滴）灌并应用水肥一体化等高效节水技术，提高水利用系数与农业用水效率，保障农业增产丰收，助推"菜篮子"工程。

9.3.6　打造农村宜居宜业环境

（1）增加农民收入。第一，加大政府引导和扶持力度，提高粮食主产区农民职业技能和创收能力，努力拓展农民增收渠道，促进农民收入持续较快增长。第二，巩固提高农业经营收入。健全农产品价格保护制度和价格稳定机制，使农民合理分享农产品种养、加工、流通增值收益。第三，鼓励农民工返乡创业，扶持农民以创业带动就业，大力增加农村转移性收入。

（2）坚持"引进来"与"走出去"两手抓战略。第一，大力吸引优秀农业人才落户农村，成为农村农业带头人，推进优秀科研成果快速铺开应用。第二，加快"走出去"步伐，选择有资质有学习潜力的农业能手，学习优秀技术与经验，更好地回乡带动农业发展，为吸引人才落户打下坚实基础。

（3）支持农村创新创业。鼓励高校毕业生、外出农民工以及各类人才返乡创业，支持建立多种形式的创业支持服务平台，完善乡村创新创业支持服务体系。落实好减税降费政策，鼓励地方设立乡村就业创业引导基金，加快解决用地、信贷等困难。加强创新创业孵化平台建设，支持创建一批返乡创业园，支持发展小微企业。

（4）落实强农惠农富农政策。为返乡就业农民工，农业企业等提供专项信贷资金，稳步推进农民合作社内部信用互助，建立健全农业融资担保体系。落实对产粮大县主要粮食作物保险保费补贴支持政策，逐步扩大农业保险险种范围，进一步扩大地方特色险种种类。使其在农村就业充满政策优惠，让其工作无后顾之忧。总而言之，努力为农村留住人才与培养人才并提供良好的环境与政策支持，为粮食主产区农业不断的升级发展提供新鲜的血液与可靠的劳动力资源。

9.4 小结

本章首先从指导思想、减排原则、减排手段、减排依据等方面进行了减排政策的体系构建；其次，为减排政策体系构建了减排任务细分制度与政策落实监督制度，并制定了减排目标与减排政策；最后，从五个方面提出了推动粮食主产区农业低碳发展的政策建议，第一，制定农业低碳法律法规；第二，聚力提升农业经济发展水平；第三，财政支农助推农业高质量发展；第四，确立科研核心战略地位；第五，打造农村宜居宜业环境。

第 10 章
研究结论与展望

我国是农业大国，粮食主产区在我国农业生产中具有举足轻重的地位，农业低碳化转型是其中重要的举措。本书从农业低碳转型的视角，以农业碳生产率为切入点，采用理论结合实证的方式，分析了农业碳生产率时序演变、空间结构、影响时空分异的因素，主要得到如下结论与政策建议。

10.1 研究结论

科学测度农业碳生产率并探究其时空演变特征是构建兼具差异化和协调性的碳减排政策的基础。本研究以农业碳生产率为切入点，以中国粮食主产区为研究范围，采用理论结合实证的方式，分析了中国粮食主产区农业碳生产率时空演变特征、时空分异的影响因素和国外推行低碳农业的经验与借鉴，主要得到如下结论与政策建议。

（1）1995~2015 年中国粮食主产区农业碳排放总量整体呈现明显

的波动上升特征，在 2015 年之后，有缓慢下降的趋势，而 1996 年、2006 年和 2015 年分别为样本考察期三个波动周期内碳排放量最高的年份。1995 ~ 2015 年粮食主产区农业碳排放量不断上升，主要原因是农业物质投入和牲畜养殖碳排放量不断增加；2006 ~ 2007 年粮食主产区农业碳排放量有所下降，主要原因是牲畜养殖的存栏量和出栏量减少，造成牲畜养殖的碳排放量大幅减少；2008 ~ 2015 年粮食主产区的农业碳排放量重新步入上升通道，伴随着牲畜养殖的恢复、农业物质投入和水稻种植碳排放量的增加，使粮食主产区的农业碳排放总量进一步增加；2016 年以后，牲畜养殖和农业物质投入的减少导致这农业碳排放量略有减少。就当前农业碳排放变化趋势来看，随着国家倡导低碳农业和生态环境保护，预计粮食主产区农业碳排放有下降趋势。

（2）1995 ~ 2019 年中国 13 个粮食主产区农业碳生产率核密度函数中心向右偏移明显，波峰在 2005 年达到最大，省际农业碳生产率差距逐步扩大，空间分布的不均衡性在不断加强。1995 年粮食生产区中的绝大部分省份的农业碳生产率偏低，并且呈现"多峰"态势。与 1995 年相比，2000 年粮食生产区各个省份的农业碳生产率核密度函数由"多峰"直接变为"单峰"，且峰值有所上升。2005 年粮食主产区农业碳生产率核密度函数整体较为"陡峭"，前后存在三个波峰，其中第二个波峰峰值最高，这说明中国粮食主产区农业碳生产率分布相对集中，具有局部区域集聚的现象，但集聚类型有所不同。2010 年农业碳生产率核密度函数峰值减低，且为单峰分布，以 0.6 万元/吨为中心上下波动，密度中心和变化区间整体右偏的迹象明显，这说明中国粮食主产区农业碳生产率在不断提高的同时，省际的差距也在进一步拉大。2015 年中国粮食主产区农业碳生产率密度函数峰值继续下降，密度函数逐步向以 0.7 万元/吨的中心左右分布，分布区间进一步扩张，省际农业碳生产率的差距仍在不断拉大。2019 年中国粮食主产区农业碳生产率的峰值变为历史最低，农业碳生产率的密度函数更加扁平化，分布区域更加广泛，从 0.5 万元/吨直近 1.6 万元/吨，省际农业碳生产率的差距十分明显。由此不难发现，样本考察期内，尽管中国粮食主产区农业碳生产率表现出明显的增长趋势，但省际农业碳生产率逐渐分化的迹象也越来越明显，空间分布的不均衡性在不断加强。

（3）在收敛性方面，中国农业碳生产率 σ 收敛趋势不明显，但存在绝对 β 收敛和条件 β 收敛的迹象。1995～2019 年东北区、黄淮海区、长江中下游区、西部大开发区四个分区农业碳生产率的差距均有不同程度的扩大，不存在 σ 收敛。其中，黄淮海区内部省域间农业碳生产率差距最大，其次为东北区、长江中下游区和西部大开发区紧随其后。黄淮海区农业碳生产率的差距为各地区中最大，按照其变动轨迹可划分为两个阶段：波动期（2007 年前）和快速增长期（2007～2019 年）；长江中下游区农业碳生产率呈"U"型态势，在 2008 年左右差距最小；东北区和西部大开发区整体上波动相对明显。西部大开发区农业碳生产率水平一直处于平均水平之下，随着经济发展和生态保护措施的实施，近些年西部大开发地区农业碳生产率逐年上升。1995～2019 年中国粮食主产区农业碳生产率呈现绝对 β 收敛，但在不同发展阶段这一现象并非必然。对于两大可持续发展区而言，仅有优先发展区农业碳生产率呈现绝对 β 收敛，而适度发展区并未呈现俱乐部绝对收敛。1995～2019 年中国粮食主产区农业碳生产率呈现条件 β 收敛。除 2002～2007 年外，其他时期呈现条件 β 收敛。同时，优先发展区呈现条件 β 收敛。

（4）1995～2019 年尽管粮食主产区各省区农业碳生产率均有不同幅度的提高，且农业碳生产率东部沿海省份外围高值区、南部低值区的基本格局未发生明显变化，但由条带状均衡化发展逐步演变为外围均衡化发展、内侧差异化分布格局的趋势显现。即在粮食主产区农业碳生产率高值省区和低值省区局部聚类发展的同时，农业碳生产率中值省区之间的分异现象更加显现。

（5）中国粮食主产区农业碳生产率区域总差距有上升趋势。泰尔指数由 1995 年的 0.1308 上升到 2019 年的 0.1791。整体经历了两个阶段：一是波动下降期（1995 ~ 2003 年），这一阶段由 1995 年的 0.1308 波动下降至 2003 年的 0.1125；二是稳步上升期（2003 ~ 2019 年），18 年间泰尔指数增加了 0.0666，增加幅度达到 59.14%，反映了中国粮食主产区农业碳生产率区域差距逐年增大。从四大分区对区域内差距的贡献来看，长江中下游区对区域内差距贡献最大，1995 ~ 2019 年一直占据 40% 以上。虽然长江中下游地区对区域内差距贡献最大，但是 25 年来一直处于下降趋势，由 1995 年的 63.67% 下降到 2015 年的 41.83%，下降幅度达 34.31%，反映出长江中下游地区内部的差距呈逐年减小的趋势；东北区和黄淮海区对区域内差距贡献处于波动状态，但贡献度大多位于 10% ~ 20% 之间；西部大开发区从 2004 年开始一直稳定在 20% 左右，反映出西部大开发区内部差距呈现相对稳定的态势。

（6）产业集聚、农作物受灾程度、农业技术进步和农业财政资金投入等对粮食主产区农业碳生产率增长起决定作用。现阶段我国粮食主产区需要重视农业生产集中、产业链条延伸所带来的规模效应，并根据不同地区农业发展阶段及集聚类型制定农业发展战略，并将其与农业结构调整相配合，通过技术的创新与进步、优化农业资源与要素配置、完善农业生态保护建设等途径，利用集聚规模经济所带来的空间正外部性，尽量避免规模不经济对社会经济发展带来的环境污染与经济损失等，推动农业低碳转型。

（7）国外在农业低碳发展方面的一些经验与做法对推进我国低碳农业发展具有重要的理论与现实意义，从中获得启示包括：一是注重低碳农业相关的政策与制度建设，具体可以涉及低碳农业技术的研发与推广、农民科学素养的培养与提升、低碳农业发展激励模式的构建与施行等；二是加大对低碳农业发展的财政支持力度，包括低碳相关宣传与教育投入的加大、补贴力度的增加以及税收资源调节配置作用的运用；三是强化低碳农业生产技术的研发与推广，具体涉及农业生态固碳、农作物秸秆资源化利用以及农业机械节能减排等技术；四是通过构建农业碳交易平台实现碳汇的经济价值，具体分为三步，农业碳汇测算体系的编制、农业碳汇的计量与监测以及农业碳汇交易平台的构建与运行。

（8）从指导思想、减排原则、减排手段、减排依据等方面进行了粮食主产区减排政策的体系构建，从五个方面提出了推动粮食主产区农业低碳发展的政策建议：第一，制定农业低碳法律法规；第二，聚力提升农业经济发展水平；第三，财政支农助推农业高质量发展；第四，确立科研核心战略地位；第五，打造农村宜居宜业环境。

10.2 研究不足

本研究对粮食主产区农业碳生产率的时空演变特征以及影响时空分异的决定因素进行了分析，但限于研究能力及相关数据可获得性，仍存在如下不足。

第一，本研究并未考虑农业碳汇。相比其他产业，农业自然再生产的特性赋予其独特的固碳功能。除了林业有目共睹的碳汇效应，粮食主产区的固碳功能还存在于农作物生长过程中以及发生在秸秆还田等环节。但是，本研究并没有涉及农业碳汇的测算以及农业的净碳效应，由此也会高估农业部门整体的碳排放量，进而低估中国农业碳生产率水平。

第二，本书研究的为单要素碳生产率，未将劳动等其他要素考虑进来，这是未来研究需要考虑的一个方面。但实际上，如何科学地确定投入与产出指标是另一个需要仔细斟酌的问题，毕竟在当前诸多研究中存在投入与产出口径不一、投入产出指标设定过于主观性等现象，这些也直接限制着其研究的准确性、客观性与科学性。因此，本研究的做法在一定程度上也会限制其可能具有的实践意义。

 ## 10.3　研究展望

针对上文提到的不足之处，今后预期进行如下研究：

（1）将农业碳汇纳入评估粮食主产区农业碳生产率水平的体系中。正如上文所言，未将农业碳汇考虑在内，将致使本研究对粮食主产区农业碳排放量的高估，以及碳生产率的低估，这一定程度上会影响对中国低碳农业发展水平的真实评价。为此，后续研究中将粮食主产区农作物碳汇纳入进来，测度农业部门的净碳效应与实际碳生产率。

（2）探究农业全要素碳生产率。本研究采用的是单要素碳生产率，尽管能够较好地体现低碳农业发展水平，但其涵盖的内容较少，故难以全面地衡量真实的农业低碳发展水平。但如上文所述，现有的农业研究中，所使用的指标比较主观，即使同一问题，不同研究使用的指标各不相同。加之农业相关数据可获得性较差，统计口径不一的问题十分严重。因此，后续研究中将分部门展开探讨，并以合适的方法将不同产业部门的数据剥离出来，以更为准确、客观地反映各部门的真实的低碳水平。

参 考 文 献

[1] 白义鑫，王霖娇，盛茂银．黔中喀斯特地区农业生产碳排放实证研究 [J]．中国农业资源与区划，2021，42 (3)：150-157.

[2] 曹黎明，李茂柏，王树其，等．基于生命周期评价的上海市水稻生产的碳足迹 [J]．生态学报，2014 (2)：491-499.

[3] 陈红，王浩坤，秦帅．农业碳排放的脱钩效应及驱动因素分析——以黑龙江省为例 [J]．科技管理研究，2019，39 (17)：247-252.

[4] 陈柔，何艳秋，朱思宇，徐杰．我国农业碳排放双重性及其与经济发展的协调性研究 [J]．软科学，2020，34 (1)：132-138.

[5] 陈儒．低碳农业研究的知识图谱及比较 [J]．华南农业大学学报 (社会科学版)，2019，18 (3)：22-34.

[6] 陈儒，姜志德．农户低碳农业生产生态补偿标准研究 [J]．干旱区资源与环境，2018，32 (9)：63-70.

[7] 陈胜涛，张开华，张岳武．农业碳排放绩效的测量与脱钩效应 [J]．统计与决策，2021，37 (22)：85-88.

[8] 陈诗．中国各地区低碳经济转型进程评估 [J]．经济研究，2012 (8)：32-44.

[9] 陈书章，徐峥，任晓静，等．我国小麦主产区综合技术效率波动及要素投入优化分析 [J]．农业技术经济，2012 (12)：39-50.

［10］陈卫洪，漆雁斌．农业产业结构调整对发展低碳农业的影响分析——以畜牧业与种植业为例［J］．农村经济，2010（8）：51 – 55.

［11］陈卫平．中国农业生产率增长、技术进步与效率变化：1990—2003 年［J］．中国农村观察，2006（1）：18 – 23.

［12］陈炜，殷田园，李红兵．1997 – 2015 年中国种植业碳排放时空特征及与农业发展的关系［J］．干旱区资源与环境，2019，33（2）：37 – 44.

［13］陈向阳．环境库兹涅茨曲线的理论与实证研究［J］．中国经济问题，2015（3）：51 – 62.

［14］陈瑶，尚杰．中国畜牧业脱钩分析及影响因素研究［J］．中国人口·资源与环境，2014，24（3）：101 – 107.

［15］陈瑶．中国畜牧业碳排放测度及碳汇减排路径研究［D］．哈尔滨：东北林业大学，2015.

［16］陈银娥，陈薇．农业机械化、产业升级与农业碳排放关系研究——基于动态面板模型数据的经验分析［J］．农业技术经济，2018（5）：122 – 133.

［17］陈跃，王文涛，范英．区域低碳经济发展评价研究综述［J］．中国人口·资源与环境，2013（4）：124 – 130.

［18］陈真玲．生态效率、城镇化与空间溢出——基于空间面板杜宾模型的研究［J］．管理评论，2016，28（11）：66 – 74.

［19］陈中督，徐春春，纪龙，等．2004 – 2014 年南方稻区双季稻生产碳足迹动态及其构成［J］．应用生态学报，2018（9）：11.

［20］成刚．数据包络分析方法与 MaxDEA 软件［M］．北京：知识产权出版社，2014.

［21］程琳琳，张俊飚，何可．空间视角下城镇化对农业碳生产率的直接作用与间接溢出效应研究［J］．中国农业资源与区划，2019，40

（11）：48－56.

[22] 程琳琳，张俊飚，田云，等. 中国省域农业碳生产率的空间分异特征及依赖效应 [J]. 资源科学，2016，38（2）：276－289.

[23] 程琳琳，张俊飚，曾杨梅，等. 中国农业碳生产率的分布演进与空间俱乐部收敛研究 [J]. 中国农业大学学报，2016，21（7）：121－132.

[24] 仇焕广，莫海霞，白军飞，等. 中国村畜禽粪便处理方式及其影响因素——基于五省调查数据的实证分析 [J]. 中国农村经济，2012（3）：78－87.

[25] 崔孟宁，朱美玲，李柱，等. 基于 DEA－Malinquist 指数新疆肉牛产业全要素生产率研究 [J]. 新疆农业科学，2014，51（2）：363－369.

[26] 崔晓，张屹山. 中国农业环境效率与环境全要素生产分析 [J]. 中国农村经济，2014（8）：4－16.

[27] 戴小文，何艳秋，钟秋波. 中国农业能源消耗碳排放变化驱动因素及其贡献研究——基于 Kaya 恒等式扩展与 LMDI 指数分解方法 [J]. 中国生态农业学报，2015（11）：1445－1454.

[28] 戴育琴，冯中朝，李谷成. 中国农产品出口贸易隐含碳排放测算及结构分析 [J]. 中国科技论坛，2016（1）：137－143.

[29] 邓明君，邓俊杰，刘佳宇. 中国粮食作物化肥施用的碳排放时空演变与减排潜力 [J]. 资源科学，2016，38（3）：534－544.

[30] 邓晓兰，鄢日伟波. 农村基础设施对农业全要素生产率的影响研究 [J]. 财贸研究，2018（4）：36－45.

[31] 邓旭，谢俊，滕飞. 何谓"碳中和" [J]. 气候变化研究进展，2021，17（1）：107－113.

[32] 邓宗兵. 中国农业全要素生产率增长极影响因素研究 [D]. 重

庆：西南大学，2010.

[33] 丁玉梅，张俊飚，吴贤荣，等．中国农产品贸易隐含碳排放测度与时空分析 [J]．华中农业大学学报（社会科学版），2017（1）：44-54.

[34] 董红敏，李玉娥，陶秀萍，等．中国农业源温室气体排放与减排技术 [J]．农业工程学报，2008，24（10）：269-273.

[35] 豆建民，张可．空间依赖性、经济集聚与城市环境污染 [J]．经济管理，2015（10）：12-21.

[36] 杜江，王锐，王新华．环境全要素生产率与农业增长：基于DEA-GML 指数与面板 Tobit 模型的两阶段分析 [J]．中国农村经济，2016（3）：65-81.

[37] 范钮婷，李明忠．低碳经济与我国发展模式的转型 [J]．上海经济研究，2010（2）：30-35.

[38] 冯晓龙，霍学喜．考虑面源污染的中国苹果全要素生产率及其空间集聚特征分析 [J]．农业工程学报，2015（18）：204-211.

[39] 付允，马永欢，刘怡君，等．低碳经济的发展模式研究 [J]．中国人口·资源与环境，2008（3）：14-19.

[40] 高标，房骄，李玉波．基于 STIRPAT 模型的区域农业碳排放影响因素分析 [J]．环境科学与技术，2016，39（10）：190-197.

[41] 高标，房骄，卢晓玲，等．区域农业碳排放与经济增长演进关系及其减排潜力研究 [J]．干旱区资源与环境，2017，31（1）：13-18.

[42] 高鸣，陈秋红．贸易开放、经济增长、人力资本与碳排放绩效——来自中国农业的证据 [J]．农业技术经济，2014（11）：101-110.

[43] 顾焕章．技术进步与农业发展 [M]．南京：江苏科学技术出版社，1993.

[44] 国家发展和改革委员会应对气候变化司．中华人民共和国气候

变化第二次国家信息通报［M］.北京：中国经济出版社，2013.

［45］国务院发展研究中心农村经济研究部.找准转变农业发展方式的支点［M］.北京：中国发展出版社，2016.

［46］韩海彬，赵丽芬.环境约束下中国农业全要素生产率增长及收敛分析［J］.中国人口·资源与环境，2013（3）：70－76.

［47］韩岳峰，张龙.中国农业碳排放变化因素分解研究——基于能源消耗与贸易角度的 LMDI 分解法［J］.当代经济研究，2013（4）：47－52.

［48］何晶晶.构建中国低碳农业法思考——中西比较视角［J］.中国软科学，2014（12）：17－26.

［49］何可，李凡略，畅华仪.构建低碳共同体：地方性共识与规模养猪户农业碳交易参与——以农村沼气 CCER 碳交易项目为例［J］.中国农村观察，2021（5）：71－91.

［50］何艳秋，陈柔，朱思宇，夏顺洁，王芳.策略互动和技术溢出视角下的农业碳减排区域关联［J］.中国人口·资源与环境，2021，31（6）：102－112.

［51］何艳秋，戴小文.中国农业碳排放驱动因素的时空特征研究［J］.资源科学，2016，35（9）：1750－1790.

［52］阂继胜，周力.组织化降低了规模养殖户的碳排放了吗——来自江苏三市229个规模养猪户的证据［J］.农业经济问题，2014（9）：35－42.

［53］贺青，张虎，张俊飚.农业产业聚集对农业碳排放的非线性影响［J］.统计与决策，2021，37（9）：75－78.

［54］胡威.环境规制与碳生产率变动——兼论中国产业低碳转型［D］.武汉：武汉大学，2016.

［55］胡中应，胡浩.产业集聚对我国农业碳排放的影响［J］.山东社会科学，2016（6）：135－139.

[56] 胡宗义，刘亦文，唐李伟．低碳经济背景下碳排放的库兹涅茨曲线研究 [J]．统计研究，2013 (2)：73 - 79.

[57] 黄藏，胡元超，任艳，等．满足城市食物消费需求的农业生产碳排放研究——以宁波为例 [J]．环境科学学报，2015，35 (12)：4102 - 4111.

[58] 黄季焜．四十年中国农业发展改革和未来政策选择 [J]．农业技术经济，2018 (3)：4 - 15.

[59] 黄祖辉，米松华．农业碳足迹研究——以浙江省为例 [J]．农业经济问题，2011 (11)：40 - 47.

[60] 继胜，胡浩．中国农业生产温室气体排放量测算 [J]．中国人口·资源与环境，2012，22 (7)：21 - 27.

[61] 继胜，周力．农民养猪收入与控制温室气体排放量意愿的关系研究 [J]．农业技术经济，2013 (2)：80 - 85.

[62] 姜涛，刘瑞，边卫军．"十四五"时期中国农业碳排放调控的运作困境与战略突围 [J]．宁夏社会科学，2021 (5)：66 - 73.

[63] 蒋年位．我国农业碳生产率测定及影响因素探究 [D]．浙江工商大学学位论文，2014.

[64] 焦高乐，严明义．中国城镇化水平与碳生产率耦合度测度 [J]．城市问题，2016 (8)：32 - 38.

[65] 金辰，孙波，赵其国，等．我国发展低碳农业的政策、法规和技术体系分析 [J]．土壤，2014，46 (1)：7 - 14.

[66] 金书秦，林煜，牛坤玉．以低碳带动农业绿色转型：中国农业碳排放特征及其减排路径 [J]．改革，2021 (5)：29 - 37.

[67] 柯楠，卢新海，匡兵，韩璟．碳中和目标下中国耕地绿色低碳利用的区域差异与影响因素 [J]．中国土地科学，2021，35 (8)：67 - 76.

[68] 孔昕．基于 Tobit 模型的低碳经济农业生产率增长影响因素实证

研究 [J]. 中国农业资源与区划, 2016, 37 (10): 140 – 145.

[69] 李波, 王春妤, 张俊飚. 中国农业净碳汇效率动态演进与空间溢出效应 [J]. 中国人口·资源与环境, 2019, 29 (12): 68 – 76.

[70] 李波, 张俊飚. 基于我国农地利用方式变化的碳效应特征与空间差异研究 [J]. 经济地理, 2012, 32 (7): 135 – 140.

[71] 李波, 张俊飚, 李海鹏. 中国农业碳排放时空特征及影响因素分解 [J]. 中国人口·资源与环境, 2011, 21 (8): 80 – 86.

[72] 李国志. 基于变参数模型的农业能源碳排放影响因素研究 [J]. 农业经济与管理, 2014 (1): 58 – 64.

[73] 李寒冰, 金晓斌, 杨绪红, 徐伟义, 周寅康. 不同农田管理措施对土壤碳排放强度影响的 Meta 分析 [J]. 资源科学, 2019, 41 (9): 1630 – 1640.

[74] 李慧, 李玮, 姚西龙. 基于 GWR 模型的农业碳排放影响因素时空分异研究 [J]. 科技管理研究, 2019, 39 (18): 238 – 245.

[75] 李俊杰. 民族地区农地利用碳排放测算及影响因素研究 [J]. 中国人口·资源与环境, 2012, 22 (9): 42 – 47.

[76] 李明贤. 我国低碳农业发展的技术锁定与替代策略 [J]. 湖南农业大学学报 (社会科学版), 2010, 11 (2): 1 – 4.

[77] 李楠. 中国农业能源消费及温室气体排放研究 [D]. 大连: 大连理工大学, 2014.

[78] 李秋萍, 李长建, 肖小勇, 等. 中国农业碳排放的空间效应研究 [J]. 干旱区资源与环境, 2015, 29 (4): 30 – 35.

[79] 李思慧. 产业集聚、人力资本与企业能源效率——以高新技术企业为例 [J]. 财贸经济, 2011 (9): 128 – 134.

[80] 李颖, 葛颜祥, 梁勇. 农业碳排放与农业产出关系分析 [J]. 中国农业资源与区划, 2013, 34 (3): 60 – 65.

[81] 李政通，白彩全，肖薇薇．基于 LMDI 模型的东北地区农业碳排放测度与分解 [J]．干旱地区农业研究，2017，35（4）：145－152.

[82] 梁流涛，翟彬，樊鹏飞．基于环境因素约束的农户土地利用效率及影响因素分析——以河南省粮食生产核心区为例 [J]．地理科学，2016（10）：1522－1530.

[83] 廖卫东，刘淼．西部地区农业碳排放的时空演变及 EKC 假说检验——基于西部大开发 12 省份动态面板数据模型的经验分析 [J]．世界农业，2020（6）：62－70.

[84] 刘登银，张利痒．我国低碳养殖发展现状与案例研究 [J]．中国环境管理，2011（3）：12－14.

[85] 刘飞跃，汪建飞．中国粮食作物秸秆焚烧排碳量及转化生物炭固碳量的估算 [J]．农业工程学报，2013（14）：1－7.

[86] 刘华军，鲍振，杨赛．中国农业碳排放的地区差距及其分布动态演进——基于 Dagum 基尼系数分解和非参数估计方法的实证研究 [J]．农业技术经济，2013（3）：72－81.

[87] 刘静暖，于畅，孙亚南．低碳农业经济理论与实现模式探索 [J]．经济纵横，2012（6）：64－67.

[88] 刘明明，雷锦锋．我国农业实现碳中和的法制保障研究 [J]．广西社会科学，2021（9）：30－38.

[89] 刘乃栋．江苏省水稻生产的碳排放结构特征和影响因素研究——基于农户生产投入和规模的视角 [D]．南京：南京农业大学，2014.

[90] 刘琼，肖海峰．农地经营规模影响农业碳排放的逻辑何在？——要素投入的中介作用和文化素质的调节作用 [J]．农村经济，2020（5）：10－17.

[91] 刘思华．发展低碳经济与创新低碳经济理论的几个问题 [J]．当代经济研究，2010（11）：48－51.

[92] 刘思华. 生态文明与绿色低碳经济发展论丛: 生态文明时代的和谐管理 [M]. 北京: 中国财政经济出版社, 2011.

[93] 刘晓珂, 黄红星, 高飞. 基于知识图谱可视化方法的低碳农业研究动态分析 [J]. 科技管理研究, 2019, 39 (7): 234 - 241.

[94] 刘星辰, 杨振山. 从传统农工业到低碳农业——国外相关政策分析及启示 [J]. 中国生态农业学报, 2012 (6): 674 - 680.

[95] 刘勇, 张露, 梁志会, 张俊飚. 有限理性、低碳农业技术与农户策略选择——基于农户视角的博弈分析 [J]. 世界农业, 2019 (9): 59 - 68.

[96] 刘治国, 张红, 李炜, 等. 山西省农业碳排放总量及时空特征研究 [J]. 中国农学通报, 2017, 33 (8): 124 - 129.

[97] 鲁钊阳. 省域视角下农业科技进步对农业碳排放的影响研究 [J]. 科学学研究, 2013, 31 (5): 674 - 683.

[98] 陆瑾瑜, 张文秀. 低碳农业发展的综合评价——以四川省为例 [J]. 经济问题, 2015 (2): 101 - 104.

[99] 陆丽云. 水稻补贴政策对其全要素生产率的影响研究——基于面板数据的 DEA - DID 两阶段法 [D]. 华中农业大学学位论文, 2017.

[100] 吕学都, 王艳萍, 黄超, 等. 低碳经济指标体系的评价方法研究 [J]. 中国人口·资源与环境, 2013 (7): 27 - 33.

[101] 罗必良. 现代农业发展理论——逻辑线索与创新路径 [M]. 北京: 中国农业出版社, 2009.

[102] 罗丽丽. 中国粮食生产的绿色技术效率和绿色全要素生产率研究 [D]. 华中科技大学学位论文, 2016.

[103] 罗斯炫, 何可, 张俊飚. 修路能否促进农业增长?——基于农机跨区作业视角的分析 [J]. 中国农村经济, 2018 (6): 67 - 82.

[104] 马大来. 中国区域碳排放效率及其影响因素的空间计量研究

［D］. 重庆：重庆大学，2015.

［105］马丽梅，张晓. 中国雾霾污染的空间效应即经济、能源结构影响［J］. 中国工业经济，2014（4）：19－31.

［106］马文娟. 低碳背景下西部地区农业碳排放效率研究［D］. 兰州：兰州大学，2016.

［107］马永喜，孙亚丽. 碳减排约束下区域农业生产投入及其环境效应——基于价格内生局部均衡模型的模拟［J］. 湖南农业大学学报（社会科学版），2021，22（5）：15－23.

［108］孟令杰，张红梅. 中国小麦生产的技术效率地区差异［J］. 南京农业大学学报（社会科学版），2004，4（2）：13－16.

［109］孟祥海，程国强，张俊飚，等. 中国畜牧业全生命周期温室气体排放时空特征分析［J］. 中国环境科学，2014，34（8）：2167－2176.

［110］米松华. 我国低碳现代农业发展——基于碳足迹核算和适用性低碳技术应用的视角［D］. 浙江大学学位论文，2013.

［111］米松华. 我国低碳现代农业发展研究［M］. 北京：中国农业出版社，2013.

［112］潘丹. 考虑资源环境因素的中国农业生产率研究［D］. 南京农业大学学位论文，2012.

［113］潘丹，应瑞瑶. 资源环境约束下的中国农业全要素生产率增长研究［J］. 资源科学，2013，35（7）：1329－1338.

［114］潘家华，张丽峰. 我国碳生产率区域差异性研究［J］. 中国工业经济，2011（5）：11.

［115］庞丽. 我国农业碳排放的区域差异与影响因素分析［J］. 干旱区资源与环境，2014，28（12）：1－7.

［116］彭立群，张强，贺克斌. 基于调查的中国秸秆露天焚烧污染物排放清单［J］. 环境科学研究，2016，29（8）：1109－1118.

［117］齐玮，侯宇硕. 中国农产品进出口贸易隐含碳排放的测算与分解［J］. 经济经纬，2017（2）：74 - 79.

［118］钱丽，肖仁桥，陈忠卫. 碳排放约束下中国省际农业生产效率及其影响因素研究［J］. 经济理论与经济管理，2013（9）：100 - 112.

［119］乔棒，焦方义，李楠. 中国农村经济制度变迁与农业增长——对1978—2004年中国农业增长的实证分析［J］. 经济研究，2006（7）：73 - 82.

［120］全炯振. 中国农业全要素生产率增长的实证分析：1978 - 2007年［J］. 中国农村经济，2009（9）：36 - 47.

［121］邵天翔. 中国区域碳生产率的时空特征及影响因素的空间计量分析［D］. 中国矿业大学学位论文，2016.

［122］沈能，王艳，王群伟. 集聚外部性与碳生产率空间趋同研究［J］. 中国人口·资源与环境，2013，23（12）：40 - 47.

［123］沈能，周晶晶，王群伟. 考虑技术差距的中国农业环境技术效率库兹涅茨曲线再估计：地理空间的视角［J］. 中国农村经济，2013（12）：72 - 83.

［124］师帅，李翠霞，李媚婷. 畜牧业"碳排放"到"碳足迹"核算方法的研究进展［J］. 中国人口·资源与环境，2017，27（6）：36 - 41.

［125］石慧，孟令杰，王怀明. 中国农业生产率的地区差距及波动性研究——基于随机前沿生产函数的分析［J］. 经济科学，2008，30（3）：20 - 33.

［126］石祖梁，贾涛，王亚静，等. 我国农作物秸秆综合利用现状及焚烧碳排放估算［J］. 中国农业资源与区划，2017（9）：32 - 37.

［127］史常亮，郭众，占鹏，等. 中国农业能源消费碳排放驱动因素及脱钩效应［J］. 中国科技论坛，2017（1）：136 - 143.

［128］史俊晖，戴小文. 我国省域农业隐含碳排放及其驱动因素时空

动态分析 [J]. 中国农业资源与区划，2020，41（8）：169 – 180.

[129] 史磊刚，陈阜，孔凡磊，等. 华北平原冬小麦 – 夏玉米种植模式碳足迹研究 [J]. 中国人口·资源与环境，2011（9）：93 – 98.

[130] 孙昌龙，靳诺，张小雷，等. 城市化不同演化阶段对碳排放的影响差异 [J]. 地理科学，2013，33（3）：266 – 272.

[131] 孙东旭，程松涛. 农业技术创新体系带动低碳农业发展的现实困境与政策建议 [J]. 科学管理研究，2021，39（4）：125 – 130.

[132] 孙广生，黄祎，田海峰，等. 全要素生产率、投入替代与地区间的能源效率 [J]. 经济研究，2012（9）：99 – 112.

[133] 孙剑峰. 中国农作物秸秆露天燃烧排放大气污染物的实验室模拟 [D]. 山东大学学位论文，2016.

[134] 孙英杰，林春. 试论环境规制与中国经济增长质量提升——基于环境库兹涅茨倒 U 型曲线 [J]. 上海经济研究，2018（3）：84 – 94.

[135] 谭秋成. 中国农业温室气体排放：现状及挑战 [J]. 中国人口·资源与环境，2011，21（10）：69 – 75.

[136] 汤进华. 城镇化进程中上海市郊农业产业结构演进与评价研究 [D]. 华东师范大学学位论文，2012.

[137] 滕玉华，刘长进，刘小春. 中国大规模生猪养殖全要素生产率变化及其收敛性研究 [J]. 农林经济管理学报，2016，15（2）：198 – 203.

[138] 田成诗，陈雨. 中国省际农业碳排放测算及低碳化水平评价——基于衍生指标与 TOPSIS 法的运用 [J]. 自然资源学报，2021，36（2）：395 – 410.

[139] 田伟，杨璐嘉，姜静. 低碳视角下中国农业环境效率的测算与分析——基于非期望产出的 SBM 模型 [J]. 中国农村观察，2014（5）：59 – 71.

[140] 田旭，王善高. 中国粮食生产环境绩效及其影响因素分析

[J]. 资源科学, 2016, 38 (11): 2106 - 2116.

[141] 田云, 陈池波. 基于碳排放权分配的中国省域碳减排奖惩方案 [J]. 中国人口·资源与环境, 2020, 30 (11): 54 - 62.

[142] 田云, 陈池波. 市场与政府结合视角下的中国农业碳减排补偿机制研究 [J]. 农业经济问题, 2021 (5): 120 - 136.

[143] 田云, 林子娟. 巴黎协定下中国碳排放权省域分配及减排潜力评估研究 [J]. 自然资源学报, 2021, 36 (4): 921 - 933.

[144] 田云, 尹忞昊. 产业集聚对中国农业净碳效应的影响研究 [J]. 华中农业大学学报 (社会科学版), 2021 (3): 107 - 117 + 188.

[145] 田云, 尹忞昊. 技术进步促进了农业能源碳减排吗? ——基于回弹效应与空间溢出效应的检验 [J]. 改革, 2021 (12): 45 - 58.

[146] 田云, 张君. 地理分区视角下的农业碳效应驱动机理研究 [J]. 华中农业大学学报 (社会科学版), 2020 (2): 78 - 87 + 165 - 166.

[147] 田云. 中国低碳农业发展: 生产效率、空间差异与影响因素研究 [D]. 华中农业大学学位论文, 2015.

[148] 王安邦, 何可, 张俊飚. 亲环境动机对规模养猪户农业碳交易参与的影响 [J]. 世界农业, 2021 (9): 37 - 48.

[149] 王宝义, 张卫国. 中国农业生态效率测度及时空差异研究 [J]. 中国人口·资源与环境, 2016, 26 (6): 11 - 19.

[150] 王宝义, 张卫国. 中国农业生态效率的省际差异和影响因素——基于1996 - 2015 年31 个省份的面板数据分析 [J]. 中国农村经济, 2018 (1): 46 - 62.

[151] 王珏, 宋文飞, 韩先锋. 中国地区农业全要素生产率及其影响因素的空间计量分析——基于1992 - 2007 年省域空间面板数据 [J]. 中国农村经济, 2010 (8): 12.

[152] 王俊芳. 生物质秸秆露天焚烧污染物排放特性及排放规模研

究［D］. 浙江大学学位论文，2017.

［153］王玲. 环境效率测度的比较研究［D］. 重庆大学学位论文，2014.

［154］王明利，吕新业. 我国水稻生产率增长、技术进步与效率变化［J］. 农业技术经济，2006（6）：24 – 29.

［155］王明星，李晶，郑循华. 稻田甲烷排放及产生、转化、输送机理［J］. 大气科学，1998，22（4）：600 – 612.

［156］王青，郑红勇，聂祯祯. 低碳农业理论分析与中国农业发展思路［J］. 西北农林科技大学学报（社会科学版），2012（3）：1 – 7.

［157］王若梅，马海良，王锦. 基于水—土要素匹配视角的农业碳排放时空分异及影响因素——以长江经济带为例［J］. 资源科学，2019，41（8）：1450 – 1461.

［158］王珊珊，张广胜. 中国低碳农业生产方式的实现路径与评价［J］生态经济，2012（3）：25 – 32.

［159］王首，宋德勇. 碳排放阶段划分与国际经验启示［J］. 中国人口·资源与环境，2013，23（5）：46 – 51.

［160］王心宇，彭馨怡，骆美婷，张艺娇，戴小文. 经济新常态下创新驱动型现代低碳农业发展研究——以成都平原地区为例［J］. 中国农业资源与区划，2020，41（4）：134 – 142.

［161］王兴，赵鑫，王钮乔，等. 中国水稻生产的碳足迹分析［J］. 资源科学，2017，39（4）：713 – 722.

［162］王学真，郭香峰，高峰. 寿光蔬菜产业发展对相关产业的影响［J］. 农业经济问题，2007（3）：91 – 95.

［163］王妍. 中国农业碳排放时空特征及空间效应研究［D］. 云南财经大学学位论文，2017.

［164］王艳荣，刘业政. 农业产业集聚形成机制的结构验证［J］. 中国农村经济，2011（10）：77 – 85.

[165] 王樱洁. 我国沿海渔业碳生产率的影响因素及海域收敛性分析 [D]. 中国海洋大学学位论文, 2015.

[166] 王钰乔, 濮超, 赵鑫, 等. 中国小麦, 玉米碳足迹历史动态及未来趋势 [J]. 资源科学, 2018, 40 (9): 12 – 263.

[167] 王占彪, 陈静, 张立峰, 等. 河北省棉花生产碳足迹分析 [J]. 棉花学报, 2016 (6): 594 – 601.

[168] 魏后凯. 中国农业发展的结构性矛盾及其政策转型 [J]. 中国农村经济, 2017 (5): 2 – 17.

[169] 文清, 田云, 王亚鹏. 中国农业碳排放省域差异与驱动机理研究——基于30个省 (市、区) 1993 – 2012 年的面板数据分析 [J]. 干旱区资源与环境, 2015, 29 (11): 1 – 6.

[170] 翁伯琦. 低碳农业导论 [M]. 北京: 中国农业出版社, 2010.

[171] 吴方卫. 我国农业资本存量的估计 [J]. 农业技术经济, 1999 (6): 34 – 38.

[172] 吴昊玥, 何艳秋, 陈文宽, 黄瀚蛟. 中国农业碳补偿率空间效应及影响因素研究——基于空间 Durbin 模型 [J]. 农业技术经济, 2020 (3): 110 – 123.

[173] 吴金凤, 王秀红. 青岛市种植业主要投入要素碳排放及其强度分析 [J]. 中国农学通报, 2014, 30 (36): 288 – 294.

[174] 吴贤荣, 张俊飚, 程琳琳, 等. 中国省域农业碳减排潜力及其空间关联特征——基于空间权重矩阵的空间 Durbin 模型 [J]. 中国人口·资源与环境, 2015, 25 (6): 53 – 61.

[175] 吴贤荣, 张俊飚, 田云, 等. 中国省域农业碳排放: 测算、效率变动及影响因素研究——基于 DEA – Malinquist 指数分解方法与 Tob it 模型运用 [J]. 资源科学, 2014 (1): 129 – 138.

[176] 吴贤荣, 张俊飚. 中国省域农业碳排放: 增长主导效应与减排

退耦效应 [J]. 农业技术经济, 2017 (5)：27 - 36.

[177] 吴玉鸣, 李建霞. 中国区域工业全要素生产率的空间计量经济分析 [J]. 地理科学, 2006, 26 (4)：385 - 391.

[178] 吴玉鸣, 田斌. 省域环境库兹涅茨曲线的扩展及其决定因素——空间计量经济学模型实证 [J]. 地理研究, 2012 (4)：627 - 640.

[179] 伍国勇, 刘金丹, 杨丽莎. 中国农业碳排放强度动态演进及碳补偿潜力 [J]. 中国人口·资源与环境, 2021, 31 (10)：69 - 78.

[180] 伍国勇, 孙小钧, 于福波, 杨丽莎. 中国种植业碳生产率空间关联格局及影响因素分析 [J]. 中国人口·资源与环境, 2020, 30 (5)：46 - 57.

[181] 武春桃. 城镇化对中国农业碳排放的影响——省际数据的实证研究 [J]. 经济经纬, 2015, 32 (1)：12 - 18.

[182] 西奥多·W. 舒尔茨. 改造传统农业 [M]. 梁小民, 译. 北京：商务印书馆, 2010：150 - 162.

[183] 习近平. 在第七十五届联合国大会一般性辩论上的讲话 [N]. 人民日报, 2020 - 09 - 23 (1).

[184] 夏四友, 赵媛, 许昕, 文琦, 崔盼盼, 唐文敏. 近20年来中国农业碳排放强度区域差异、时空格局及动态演化 [J]. 长江流域资源与环境, 2020, 29 (3)：596 - 608.

[185] 肖卫东. 农业空间布局研究的多维视角及引申 [J]. 理论学刊, 2015 (8)：49 - 57.

[186] 解春艳, 黄传峰, 徐浩. 环境规制下中国农业技术效率的区域差异与影响因素——基于农业碳排放与农业面源污染双重约束的视角 [J]. 科技管理研究, 2021, 41 (15)：184 - 190.

[187] 谢伦裕, 张晓兵, 孙传旺, 等. 中国清洁低碳转型的能源环境

政策选择——第二届中国能源与环境经济学者论坛综述 [J]. 经济研究, 2018, 53 (7): 198-202.

[188] 谢淑娟, 匡耀求, 黄宁生, 等. 低碳农业评价指标体系的构建及对广东的评价 [J]. 生态环境学报, 2013 (6): 916-923.

[189] 熊欢欢, 邓文涛. 环境规制、产业集聚与能源效率关系的实证分析 [J]. 统计与决策, 2017 (21): 117-121.

[190] 徐家鹏. 中国农业能源消耗与 CO_2 排放: 趋势及减排路径——基于 Holt-Winter 无季节性模型和"十三五"的预测 [J]. 生态经济, 2016 (2): 122-126.

[191] 许冬兰, 王樱洁. 我国沿海渔业碳生产率的区域差异及影响因素 [J]. 中国农业大学学报, 2015, 20 (2): 284-290.

[192] 闫桂权, 何玉成, 张晓恒. 绿色技术进步、农业经济增长与污染空间溢出——来自中国农业水资源利用的证据 [J]. 长江流域资源与环境, 2019, 28 (12): 2921-2935.

[193] 颜廷武, 田云, 张俊飚, 等. 中国农业碳排放拐点变动及时空分异研究 [J]. 中国人口·资源与环境, 2014, 24 (11): 1-8.

[194] 杨果, 陈瑶. 新型农业经营主体参与低碳农业发展的激励机制设计 [J]. 中国人口·资源与环境, 2016, 26 (6): 94-99.

[195] 杨红娟, 李明云, 刘红琴. 农业碳排放特征及影响因素分析——以云南为例 [J]. 生态经济, 2015, 31 (10): 76-78.

[196] 杨钧. 农业技术进步对农业碳排放的影响——中国省级数据的检验 [J]. 软科学, 2013, 27 (10): 116-120.

[197] 杨礼琼, 李伟娜. 集聚外部性、环境技术效率与节能减排 [J]. 软科学, 2011, 25 (9): 14-19.

[198] 杨仁发. 产业集聚与地区工资差距 [J]. 管理世界, 2013 (8): 41-52.

[199] 杨小娟，陈耀，高瑞宏. 甘肃省农业环境效率及碳排放约束下农业全要素生产率测算研究 [J]. 中国农业资源与区划，2021，42（8）：13 – 20.

[200] 杨印生，王舒，王海娜. 基于动态 DEA 的东北地区玉米生产环境效率评价研究 [J]. 农业技术经济，2016（8）：58 – 71.

[201] 杨英超. 环境规制对我国碳减排的作用效果与路径研究 [D]. 东南大学学位论文，2016.

[202] 尧波，郑艳明，胡丹，等. 江西省县域农业碳排放的时空动态及影响分析 [J]. 长江流域资源与环境，2014，23（3）：311 – 318.

[203] 姚成胜，钱双双，李政通，等. 中国省级畜牧业碳排放测度及时空演化机制 [J]. 资源科学，2017，39（4）：698 – 712.

[204] 姚成胜，钱双双，王跃华，等. 中国畜牧业碳排放量变化的影响因素分解及空间分异 [J]. 农业工程学报，2017，33（12）：10 – 19.

[205] 姚增福，唐华俊，刘欣. 要素积累、人力资本与农业环境效率间门槛效应研究——低碳约束下面板门槛模型检验 [J]. 重庆大学学报（社会科学版），2017（4）：26 – 36.

[206] 叶初升，惠利. 农业生产污染对经济增长绩效的影响程度研究——基于环境全要素生产率的分析 [J]. 中国人口·资源与环境，2016（4）：116 – 125.

[207] 叶文伟，王城城，赵从举，郑熊. 近 20 年海南岛热带农田生态系统碳足迹时空格局演变 [J]. 中国农业资源与区划，2021，42（10）：114 – 126.

[208] 尹朝静，李谷成，范丽霞，等. 气候变化、科技存量与农业生产率增长 [J]. 中国农村经济，2016（5）：16 – 28.

[209] 于伟咏，漆雁斌，李阳明. 碳排放约束下中国农业能源效率及其全要素生产率研究 [J]. 农村经济，2015（8）：28 – 35.

［210］袁富华. 低碳经济约束下的中国潜在经济增长［J］. 经济研究，2010（8）：79-89.

［211］曾大林，纪凡荣，李山峰. 中国省级低碳农业发展的实证分析［J］. 中国人口·资源与环境，2013，23（1）：30-35.

［212］展进涛，徐钰娇，葛继红. 考虑碳排放成本的中国农业绿色生产率变化［J］. 资源科学，2019，41（5）：884-896.

［213］张广胜，王珊珊. 中国农业碳排放的结构、效率及其决定机制［J］. 农业经济问题，2014（7）：18-26.

［214］张鹤丰. 中国农作物秸秆燃烧气态、颗粒态污染物排放特征的实验模拟［D］. 复旦大学学位论文，2009.

［215］张金鑫，王红玲. 环境规制、农业技术创新与农业碳排放［J］. 湖北大学学报（哲学社会科学版），2020，47（4）：147-156.

［216］张俊飚，程琳琳，何可. 中国农业低碳经济效率的时空差异及影响因素研究——基于"碳投入"视角［J］. 环境经济研究，2017，2（2）：16.

［217］张开华，陈胜涛. 试论低碳农业发展的支持机制［J］. 中南财经政法大学学报，2012（1）：110-114.

［218］张林，冉光和，蓝震森. 碳排放约束与农业全要素生产率增长及分解［J］. 华南农业大学学报（社会科学版），2015，14（3）：22-32.

［219］张林秀，白云丽，孙明星，徐湘博，何加林. 从系统科学视角探讨农业生产绿色转型［J］. 农业经济问题，2021（10）：42-50.

［220］张腾飞，杨俊，盛鹏飞. 城镇化对中国碳排放的影响及作用渠道［J］. 中国人口·资源与环境，2016，26（2）：47-57.

［221］张文彬，张理芫，张可云. 中国环境规制强度省际竞争形态及其演变——基于两区制空间 Durbin 固定效应模型的分析［J］. 管理世界，2010（12）：34-44.

［222］张晓恒，周应恒，张蓬. 中国生猪养殖的环境效率估算——以粪便中氮盈余为例［J］. 农业技术经济，2015（5）：92－102.

［223］张哲晰，穆月英. 产业集聚能提高农业碳生产率吗？［J］. 中国人口·资源与环境，2019，29（7）：57－65.

［224］赵志耘，杨朝峰. 中国碳排放驱动因素分解分析［J］. 中国软科学，2012（6）：175－183.

［225］政府间气候变化专门委员会. 2006 年 IPCC 国家温室气体清单指南［R］. 日本全球环境战略研究所，2006.

［226］中国环境与发展国际合作委员会. 中国发展低碳经济途径研究——国合会政策研究报告 2009［R］. 北京：中国环境与发展国际合作委员会，2009.

［227］庄贵阳，潘家华，朱守先. 低碳经济的内涵及综合评价指标体系构建［J］. 经济学动态，2011（1）：132－136.

［228］Aigner D. J., Lovell C. A. K., Schmidt P. J. Formulation and estimation of stochastic frontier production function models［J］. Journal of Econometrics，1977，6（1）：21－37.

［229］Alexiadis S. Convergence in agriculture：evidence from the european regions［J］. Agricultural Economics Review，2010，23（11）：84－96.

［230］Anselin L. A test for spatial autocorrelation in seemingly unrelated regressions［J］. Economics Letters，1988a，28（4）：335－341.

［231］Anselin L., Bera A. K. Spatial dependence in linear regression models with an introduction to spatial econometrics［J］. Statistics textbooks and monographs，1998，155：237－290.

［232］Anselin L. Spatial effects in econometric practice in environmental and resource economics［J］. American Journal of Agricultural Economics，2001，83（3）：705－710.

[233] Appleton S. , Balihuta A. Education and agricultural productivity: evidence from uganda [J]. Journal of International Development, 1996, 8 (3): 172 – 175.

[234] Arevalo C. , Bhatti J. S. Land use change effects on ecosystem carbon balance: from agricultural to hybrid poplar plantation [J]. Agriculture, Ecosystems and Environment, 2011, 141 (3 – 4): 342 – 349.

[235] Bao H. Provincial total factor productivity in vietnamese agriculture and its determinants [J]. Journal of Economics and Development, 2014, 16 (2): 5 – 20.

[236] Barro R. J. , Hall R. E. Convergence across states and regions [J]. Brookings Papers on Economic Activity, 1991, 22 (1): 107 – 182.

[237] Battese G. E. , Coelli T. J. Frontier production functions, technical efficiency and panel data: with application to paddy farmers in India [J]. Journal of Productivity Analysis, 1992, 3 (1 – 2): 153 – 169.

[238] Bonnieux F. Rainelli P. Agricultural policy and environment in developed countries [J]. European Review of Agricultural Economics, 1988, 15 (2 – 3): 263 – 281.

[239] Camilo D. A new approach to the decomposition of the Gini income inequality ratio [J]. Empirical Economics, 1997, 22 (4) : 515 – 531.

[240] Carlino G. A. , Mills L. O. Are U. S. regional incomes converging? a time series analysis [J]. Journal of Monetary Economics, 1993, 32 (2): 335 – 346.

[241] Carlino G. A. , Mills L. Testing neoclassical convergence in regional incomes and earnings [J]. Regional Science & Urban Economics, 1996, 26 (6): 565 – 590.

[242] Caves D. W. , Christensen L. R. , Diewert W. E. The economic

theory of index numbers and the measurement of input, output, and productivity [J]. Econometrics, 1982, 50 (6): 1393 – 1414.

[243] Cechura L., Grau A., Hockmann H., et al. Catching up or falling behind in european agriculture: the case of milk production [J]. Journal of Agricultural Economics, 2017, 68 (1): 206 – 227.

[244] Chambers R. G., Chung Y., Fare R. Benefit and distance functions [J]. Journal of Economic Theory, 1996, 70 (2): 407 – 419.

[245] Charnel A., Cooper W. W., Rhodes E. Measuring the efficiency of decision-making units [J]. European Journal of Operational Research, 1979, 2 (6): 429 – 444.

[246] Chen P. C., Yu M. M., Chang C. C. Total factor productivity growth in China's agricultural sector [J]. China Economic Review, 2008, 19 (4): 580 – 593.

[247] Chen X., Shuai C., Wu Y., et al. Analysis on the carbon emission peaks of China's industrial, building, transport, and agricultural sectors [J]. Science of the Total Environment, 2019, 709: 135768.

[248] Coelli T. J., Rao D. S. P. Total factor productivity growth in agriculture: a malmquist Index Analysis of 93 Countries, 1980 – 2000 [J]. Agricultural Economics, 2005, 32 (s1): 115 – 134.

[249] Dagum C. A new approach to the decomposition of the Gini income inequality ratio [J]. Empirical Economics, 1997, 22 (4): 515 – 531.

[250] Fan S. G. Effects of technological change and institutional reform on production growth in Chinese agriculture [J]. American Journal of Agricultural Economics, 1991, 73 (2): 266 – 275.

[251] Fan S. G. Philip G. Pardey. Research, Productivity, and Output growth in chinese agriculture [J]. Journal of Development Economics, 1997,

53 (1): 115 – 137.

[252] Grossman G. M. , Krueger A. B. Economic growth and the environment [J]. The Quarterly Journal of Economics, 1995, 110 (2): 353 – 377.

[253] Hamilton P. A. , Miller T. L. Differences in social and public risk perceptions and conflicting impacts on point/non-point trading rations [J]. American Journal of Agricultural Economics, 2001, 83 (4): 934 – 941.

[254] Huang J. K. , Rozelle S. Technological change: rediscovering of the engine of productivity growth in China's rice economy [J]. Journal of Development Economics, 1996, 49: 337 – 369.

[255] Huang J. , Scott R. The emergence of agricultural commodity markets in China [J]. China Economic Review, 2006 (17): 266 – 280.

[256] Hua Z. , Bian Y. , Liang L. Eco-efficiency analysis of paper mills along the Huai River: An extended DEA approach [J]. Omega, 2007, 35: 578 – 587.

[257] IPCC. Climate change 2014 synthesis report [R]. Switzerland, 2014.

[258] IPCC. Greenhouse gas inventory reference manual [R]. IPCC Guideline for National Greenhouse Gas Inventories, 1996.

[259] Islam N. What have we learn from the convergence debate? A review of the convergence literature [J]. Journal of Economic Surveys, 2003 (6): 309 – 362.

[260] Jacobs J. The economy of cities [J]. Random House, 1969, 304 (1067): 1018 – 1020.

[261] Johnson J. M. F. , Franzluebbers A. J. Weyers S. L. , et al. Agricultural opportunities to mitigate greenhouse gas emissions [J]. Environmental pollution, 2007, 150 (1): 107 – 124.

［262］ Jorgenson D. W. , Griliches Z. The explanation of productivity change ［J］. The review of economic studies, 1967, 34 (3): 249 – 283.

［263］ Kalirajan K. P. , Obwona M. B. , Zhao S. A decomposition of total factor productivity growth: the case of Chinese agricultural growth before and after reforms ［J］. American Journal of Agricultural Economics, 1996, 78 (2): 331 – 338.

［264］ Kinzig A. P. , Kammen D. M. National trajectories of carbon emissions: analysis of proposals to foster the transition to low-carbon economies ［J］. Global Environmental Change, 1998, 8 (3): 183 – 208.

［265］ Koondhar M. A. , N. Aziz, Tan Z. , et al. Green growth of cereal food production under the constraints of agricultural carbon emissions: A new insights from ARDL and VECM models ［J］. Sustainable Energy Technologies and Assessments, 2021, 47: 101452.

［266］ Koop Gary. Carbon dioxide emissions and economic growth: A structural approach ［J］. Journal of Applied Statistics, 1998, 25 (4): 489 – 515.

［267］ Korhonen P. J. , Luptacik M. Eco-efficiency analysis of power plants: An extension of data envelopment analysis ［J］. European Journal of Operational Research, 2004, 154 (2): 437 – 446.

［268］ Krugman P. Increasing returns and economic geography ［J］. Journal of Political Economy, 1991, 99 (3): 483 – 499.

［269］ Lal R. Carbon emission from farm operations ［J］. Environment International, 2004, 30 (7): 981 – 990.

［270］ Lee J. D. , Park J. B. , Kim T. Y. Estimation of the shadow price of pollutants with production/environment inefficiency taken into account: a nonparametric directional distance function approach ［J］. Journal of Environmental Management, 2002, 64: 365 – 375.

[271] Lesschen J. P. , Berg M. V. D. , Westhoek H. J. , Witzke H. P. , Oenema O. Greenhouse gas emission profiles of European livestock sectors [J]. Animal Feed Science& Technology, 2011, 166: 16 – 28.

[272] Lewandrowski J. , Tobey J. , Cook Z. The Interface between agricultural assistance and the environment: chemical fertilizer consumption and area expansion [J]. Land Economics, 1997, 73 (3): 404 – 427.

[273] Lin J. Y. Rural reforms and agricultural growth in China [J]. American Economic Review, 1992, 82 (82): 34 – 51.

[274] Liu Y. , Shumway C. R. , Rosenman R, Ball VE. Productivity growth and convergence in US agriculture: new co-integration panel data results [J]. Applied Economics, 2011, 43 (1): 91 – 102.

[275] Lucas R. E. On the mechanics of economic development [J]. Journal of Monetary Economics, 1999, 22 (1): 3 – 42.

[276] Lu X. , Pan J. , Chen Y. Sustaining economic growth in China under energy and climate security constraints [J]. China & World Economy, 2006, 14 (6): 85 – 97.

[277] Macerlean S. & Wu Z. Regional agricultural labor productivity convergence in China [J]. Food Policy, 2003, 28 (6): 237 – 252.

[278] Manski C. F. Identification of endogenous social effects: the reflection problem [J]. Review of Economic Studies, 1993, 60 (3): 531 – 542.

[279] Mao W. , Koo W. Productivity growth, technological progress, and efficiency change in Chinese agriculture after rural economic reform: a DEA approach [J]. China Economic Review, 1997, 8 (8): 157 – 174.

[280] Marshall A. Principles of economics: an introductory volume [M]. New York: The Macmillan Company, 1930.

[281] Mazzanti M., Musolesi A. The heterogeneity of carbon Kuznets curves for advanced countries: comparing homogeneous, heterogeneous and shrinkage/Bayesian estimators [J]. Applied Economics, 2013, 45 (27): 3827 – 3842.

[282] Mccunn A., Huffman W. Convergence in US productivity growth for agriculture: implications of interstate research spillovers for funding agricultural research [J]. American Journal of Agricultural Economics, 2000, 82 (2): 370 – 388.

[283] Mcmillan J., Whalley J., Zhu L. The impact of china's economic reforms on agricultural productivity growth [J]. Journal of Political Economy, 1989, 97 (4): 781 – 807.

[284] Murty D., Kirschbaum M. U. F., Mcmurtrie R. E., et al. Does conversion of forest to agricultural land change soil carbon and nitrogen? a review of the literature [J]. Global Change Biology, 2010, 8 (2): 105 – 123.

[285] Norse D. Low carbon agriculture: objectives and policy pathways [J]. Environmental Development, 2012, 1 (1): 25 – 39.

[286] Obama B. The irreversible momentum of clean energy [J]. Science, 2017, 355 (6321): 126 – 129.

[287] Peneder M. Structural change and aggregate growth [J]. Structural Change and Economic Dynamics, 2002, 14: 427 – 448.

[288] Perroux F. Economic space: theory and applications [J]. The Quarterly Journal of Economics, 1950, 64 (1): 89 – 104.

[289] Post W. M., Kwon K. C. Soil carbon sequestration and land-use change: processes and potential [J]. Global Change Biology, 2000, 6 (3): 317 – 327.

[290] Quah. Empirics for economic growth and convergence [J]. Euro-

pean Economic Review, 1995, 40 (1140) : 1353 – 1375.

[291] Rahman S. Regional productivity differences and prospect for convergence in Bangladesh agriculture [J]. The Journal of Development Areas, 2008, 41 (3): 221 – 236.

[292] Ramanathan R. An analysis of energy consumption and carbon dioxide emissions in countries of the Middle East and North Africa [J]. Energy, 2005, 30 (15): 2831 – 2842.

[293] Restuccia D. , Yang D. T. , Zhu X. Agriculture and aggregate productivity: a quantitative cross-country analysis [J]. Journal of Monetary Economics, 2008, 55 (2): 234 – 250.

[294] Rey S. J. Spatial empirics for economic growth and convergence [J]. Geographical Analysis, 2001, 33 (3): 195 – 214.

[295] Rezitis A. N. Agricultural productivity convergence across europe and Unites of America [J]. Applied Economics Letters, 2005, 12 (7): 443 – 446.

[296] Rezitis A. N. Agricultural productivity convergence: europe and Unites States [J]. Applied Economics Letters, 2010, 42 (8): 1029 – 1044.

[297] Romer P. M. Increasing returns and long-run growth [J]. Journal of Political Economy, 1986, 94 (5): 1002 – 1037.

[298] Ruttan V. W. Productivity growth in world agriculture: sources and constraints [J]. Journal of Economic Perspectives, 2002, 16 (4): 161 – 184.

[299] Saikia D. Total factor productivity in agriculture: a review of measurement issues in the indian context [J]. Romanian Journal of Regional Science, 2014, 8 (2): 45 – 61.

[300] Sapkota T. B. , Jat R. K. , Singh R. G. , Jat M. L. , Stirling C. M. Soil organic carbon changes after seven years of conservation agriculture in a

rice-wheat system of eastern Indo – Gangetic plains [J]. Soil Use and Management, 2017, 33 (1): 81 – 89.

[301] Scheel H. Undesirable outputs in efficiency valuations [J]. European Journal of Operational Research, 2001, 132: 400 – 10.

[302] Schultz T. W. The value of the ability to deal with disequilibria [J]. Journal of economic literature, 1975, 13 (3): 827 – 846.

[303] Seiford L. M. , Zhu J. Modeling undesirable factors in efficiency evaluation [J]. European Journal of Operational Research, 2002, 142: 16 – 20.

[304] Shultz T. W. The value of ability to deal with disequilibria [J]. Journal of Economic Literature, 1975, 13 (3): 827 – 846.

[305] Simar L. , Wilson P. W. Sensitivity analysis of efficiency scores: how to bootstrap in nonparametric frontier models [J]. Management science, 1998, 44 (1): 49 – 61.

[306] Simar L. , Wilson P. W. Statistical inference in nonparametric frontier models: the state of the art [J]. Journal of Productivity Analysis, 2000, 13 (1): 49 – 78.

[307] Smith P. Land use change and soil organic carbon dynamics [J]. Nutrient Cycling in Agroeco systems, 2008, 81 (2): 169 – 178.

[308] Solow R. M. A contribution to the theory of economic growth [J]. Quarterly Journal of Economics, 1956, 70 (1): 65 – 94.

[309] Stevens P. A. Accounting for background variables in stochastic frontier analysis [J]. NIESR Discussion Paper, 2004, 239.

[310] Stiglitz J. E. Some theoretical aspects of agricultural policies [J]. World Bank Research Observer, 1987, 2 (1): 43 – 60.

[311] Theil H. Economics and information theory [M]. Amsterdam:

North Holland Publishing Co. 1967: 132 – 139.

[312] Thirtle C. Piesse J, Lusigi A. Multi-factor agricultural productivity, efficiency and convergence in Botswana: 1981 – 1996 [J]. Journal of Development Economics, 2003, 71 (2): 605 – 624.

[313] Tongwane M. I. , Moeletsi M. E. , Tsubo M. Trends of carbon emissions from applications of nitrogen fertiliser and crop residues to agricultural soils in South Africa [J]. Journal of Environmental Management, 2020, 272: 111056.

[314] Treasury H. M. Stern review on the economics of climate change [J]. South African Journal of Economics, 2006, 75 (2): 369 – 372.

[315] Vermersch D. , Bonnieux F, Rainelli P. Abatement of agricultural pollution and economic incentives: the case of intensive livestock farming in France [J]. Environmental and Resource Economics, 1993, 3 (3): 285 – 296.

[316] Vleeshouwers L. M. , Verhagen A. Carbon emission and sequestration by agricultural land use: a model study for Europe [J]. Global change biology, 2002, 8 (6): 519 – 530.

[317] Wang H. J. , Ho C. W. Estimating fixed-effect panel stochastic frontier models by model transformation [J]. Journal of Econometrics, 2010, 157 (2): 286 – 296.

[318] Wen G. Total factor productivity change in China's farming sector: 1952 – 89 [J]. Economic Development and Cultural Change, 1993, 42: 1 – 41.

[319] West T. O. , Marland G. A synthesis of carbon sequestration, carbon emissions, and net carbon flux in agriculture: comparing tillage practices in the United States [J]. Agricultural Ecosystems and Environment, 2002, 91 (1): 217 – 232.

[320] Xin X. , Qin F. Decomposition of agricultural labor productivity growth and its regional disparity in China [J]. China Agricultural Economic Review, 2011, 3 (1): 92 – 100.

[321] Xu X. S. , Jeffrey S. R Efficiency and technical progress in traditional and modern agriculture: evidence from rice production in China [J]. Agricultural Economics, 2004, 18 (2): 157 – 165.

[322] Yang X. K. , Borland J. A microeconomic mechanism for economic growth [J]. Journal of Political Economy, 1991, 99 (3): 460 – 482.

[323] Young A. Gold into base metals: productivity growth in the People's Republic of China during the reform period [J]. Journal of political economy, 2003, 111 (6): 1220 – 1261.